風よ波よ
柳川が生んだ元勲・曾我祐準伝
田中省三
海鳥社

風よ波よ◉目次

第一部　立志編

第二部　動乱編

第三部　疾風編

第一部

立志編

鹿之助の誕生

天保十四（一八四三）年の暮れも押し迫った十二月二十五日、筑後国山門郡柳河城内村坂本小路（現柳川市坂本町）の小宅（敷地は一反九畝）に、一人の男児が誕生した。

父は、柳河藩で物頭《ものがしら》（足軽隊の隊長のことで、侍が任ぜられた。なお、侍隊の隊長は番頭《ばんがしら》といった）を務める禄高一二〇石の曾我祐興《すけおき》（三十五歳）、母は民子（二十八歳）といった。

その男児は、まるまると太った色白の赤子で、目差は生まれながらにして鋭い光を帯びていた。母の民子でさえも、我が子の強い眼光に射すくめられそうであった。

「この子の眼光の何と鋭いこと……」

「確かに！　こやつはそのうち、大物になるだろうよ。面構えが祐正《すけまさ》とは違うわい」

と両親は喜び合った。

父の祐興は、この赤子にかねてから考えていた「鹿之助」という名をつけた。曾我家には、今一人の男児がいた。すなわち鹿之助の兄である四歳の祐正（通称は司）である。

長男の祐正は、「総領の甚六」の言葉通り、鷹揚で物静かな性格であったため、武芸を好む

鹿之助の生家があった坂本小路（現柳川市坂本町）。柳川市民会館敷地の南西角に当たる場所

祐興は、この次男に期待して山中鹿之助（出雲の尼子義久の家臣で、播磨上月城にて毛利勢に捕らえられ斬。尼子十勇士の一人）に因んで、「鹿之助」と名付けたのであった。

この天保十四年とは、第十二代将軍家慶《いえよし》の治世で、徳川の世も二百三十有余年が経過して、その「ほころび」がそろそろ出始めていた頃である。家慶に登用された水野忠邦《ただくに》の「天保の改革」が挫折・頓挫して、水野が罷免された年でもある。

一方、隣国の清国では、アヘン戦争の結果、南京条約（一八四二年）によって、香港の割譲が決まり、上海・アモイ・ニンポーなどがイギリスによって開港させられていた。

曾我鹿之助は、このような日本の夜明けが間近に迫る幕末動乱、それに続く新時代到来の明治維新の二十五年前に、柳河坂本小路に生を受けたのである。

当時の柳河藩十二万石（山門郡、三池郡、三瀦郡、上妻郡、下妻郡）にあっては、第十一代藩主の鑑備《あきのぶ》（在任は天保四－弘化三〔一八四六〕年）の治世で、藩祖宗茂以来の勤倹尚武の気風が旺盛な環境であった。

その後、鹿之助は両親、特に母の民子の厳しいけれども慈愛溢れる養育で、スクスクと成長していったのである。父祐興は、長男の祐正よりもこの鹿之助の方を慈しんだが、母民子はむしろ鹿之助の方をことさら厳しく訓育した。

民子の実家の外祖父である西原晁樹《あさき》（号は釣彦）が季節折々の土産を持って、二人の外孫をよく訪ねて来た。来るたびに、

「祐正、鹿之助、大きゅうなったなあ……土産だぞ」

というのが彼の口癖で、必ず手作りのスイカ、金ウリ、柿、梨、時にはサツマイモ、そして大根、青菜などの野菜まで届けてくれた。

日和が良ければ、二人の孫と近所の堀割へ魚釣りに出掛けるのが常であった。二人の孫も晁樹も、この魚釣りを楽しみにしていた。晁樹の内孫二人は女児であったからであろう。

釣果の小ブナやハヤ、たまにウナギを持ち帰り、実に見事にさばいて煮込み、その夜の曾我家の夕餉を賑わした。魚釣りができない日には、

「この柳河は、石高こそ少なけれど、天下第一の国であるぞ。藩祖の宗茂公はその清廉なお人柄で、奇跡の再封を果たされたお方ぞ」

と様々な昔話を二人の孫に聞かせることも楽しみにしていた。

この晁樹は、鹿之助の精神的な成長に大きく影響を与えた人物で、和漢に通じた藩内きっての国学者であった。平田篤胤《あつたね》の弟子で、藩主の妻子や藩士に対する国学指導を任され、また歌人でもあった。その詠歌、

大君の　みさしの章《あや》と　菊の花　よも長月に　咲き匂ふらん

からも窺い知れるように、没後の大正十三（一九二四）年に、勤皇の功績によって従五位の贈位に浴した人物である。

一方、鹿之助の父の祐興は、曾我家十一代当主として、また物頭としての職務柄、武芸百般に通じていた。この父は、鹿之助が六歳になってから「家川念流《いえかわねんりゅう》」の木刀術を手ほどきし、九歳から同じ家川念流の篠澤家の道場へ通わせていた。

すなわち、鹿之助の文武の素養は、父方から武芸を、母方から文の才能を受け継いでいたのである。

父の死

ペリーが浦賀へ来航して久里浜に上陸、さらにプチャーチンが長崎へ来航した嘉永六（一八五三）年の十二月、曾我家を不幸が襲った。父祐興の死である。

城下の小原渓水《けいすい》が主催する弓の自家道場で寒稽古中の鹿之助へ、下働きの小女トモが祐興危篤の知らせをもたらした。

「鹿之助様、お父上様がご危篤でございます。早うお帰りくださいますように、とのことでございます」

「何！」

鹿之助は、師匠の小原へ辞去の挨拶をすることも忘れ、脱兎のごとく坂本小路の小宅へ戻った。

「鹿之助っ、袋小路の西原の家へ知らせておくれ。それから、サンノサンにお父上のご本復を祈願して来ておくれ」

と母の民子は気丈にも、鹿之助へ命じた。この時、鹿之助は十歳で民子は三十八歳であった。また、十四歳になる兄の祐正は父の病床に端座していた。

柳川市坂本町の日吉神社。正応３（1290）年建立で，立花宗茂を始め歴代城主の厚い保護を受けてきた

民子が言うところの「袋小路（現柳川市袋町）の西原家」とは、民子の実家のことである。「サンノサン」とは、山王宮のことである。正応三（一二九〇）年に近江国滋賀坂本村の日

吉神社の分霊を奉納した柳河の産土神で、「サンノサン」と呼ばれ親しまれていた。明治の廃仏毀釈により「日吉神社」と改称された。

もう一つ「オシミヤ（御新宮）サン」と呼ばれる「三柱神社」がある。こちらは藩祖宗茂（島津軍との岩屋城での戦で壮絶な最期を遂げた高橋紹運《じょううん》の長男）と、最初の正室ぎん千代姫及びその父戸《べ》次《つき》道雪《どうせつ》（宗茂は婿養子）の三柱を合祀した神社で、文政八（一八二五）年に新宮が造営されたことから、「オシミヤサン」と通称されていた。

三柱神社（柳川市三橋町）の参道に架かる欄干橋。橋の擬宝珠はもともと柳河城内の橋に使われていたものという。平成17年の火災により境内の拝殿・回廊などが焼失してしまった

この日、鹿之助は師走の寒風吹きすさぶ山王宮正殿前で、夜半過ぎまで祈り続け、夕餉を摂ることも忘れていた。

「どうぞ、父上のご病気が回復いたしますよう……」

しかし、鹿之助の祈りも空しく、父祐興は翌日の未明になって息を引き取った。祐興は一、二年前から、腹痛を訴えて食が細くなり、死の

天叟寺（柳川市鍛冶屋町）に立つ曾我家累代の碑。同寺は立花宗茂の父，高橋紹運の菩提寺として知られる

直前には激痛で苦しんだことから、胃ガンではなかったかと想像される。享年四十五歳であった。

二人の兄弟は、四十九日の喪が晴れるまでの毎日午後、遺骸が葬られた「テンソッサン」（天叟寺《てんそうじ》、高橋紹運の菩提寺）へ墓参に出掛けた。

幼い二人の兄弟が毎日墓参する姿を目にした近所の大人たちは、

「感心なお子たちじゃのも、今時珍しか」

と噂したという。

かくして、曾我家には、母と兄弟の三人だけが取り残された。祖父と祖母はすでに他界していたので、外祖父の晃樹が葬儀やら初七日やらの仏事を差配した。

この嘉永六年は、幕府にとっても柳河藩にとっても、驚天動地の年であった。柳河藩では、幕府の命によって、ペリーの来航に備え（出島の商館長ドンケル・クルチウスからのオランダ別段風説書による）、江戸勤番であった吉弘嘉兵衛ら二十余名が深川八幡宮に駐屯したが、ペリーが退去するや、即日下谷（現東京都台東区東上野）の藩邸へ引き揚げた。

その後、ロシアのプチャーチンが長崎へ来航するにいたり、幕府は海防の強化にやっと重い腰を上げる。弘化三（一八四六）年に第十二代柳河藩主に就任していた鑑寛《あきとも》は、嘉永六年十一月に、上総国と安房国《あわのくに》（現千葉県南部）の江戸湾岸警備を備前藩と共に命じられた。この時、相模国《さがみのくに》（現神奈川県）の江戸湾岸警備を肥後藩と長州藩が命じられた。当時、この四藩は「海防四藩」と呼ばれたが、財政難の柳河にあっては、幕府から一万両の借金をすることになった。

こうした多事多難の嘉永六年が暮れ、嘉永七年を迎えた春先、長男の祐正が元服して家督を相続し、十二代曾我家当主となった。十五歳の祐正は、当然ながら組付きの平侍（役付ではない）であった。恐らく、この家督相続の折、曾我家は禄高を減額されたものと想像される。なお、祐正が役付の物頭に任じられるのは、祐興没から五年後の安政五（一八五八）年のことである。

曾我家当主となった祐正に、ほどなくペリー再来航に備えた江戸湾岸警備の東上命令が下る。この時の派兵隊は、家老立花壱岐《いき》の一番隊（物頭は立花参太夫、立花右馬助）と十時《とどき》雪斎（壱岐の長兄）の二番隊（物頭は石川造酒丞《みきのじょう》、町野安馬）であった。祐正は、一番隊所属の平士であったため東上となった。

この二隊の警備分担は、池田新田と稲荷新田で、大師河原の平間寺に駐屯した。

三月、日米和親条約（神奈川条約）が締結され、ペリーが退去。柳河藩兵は警備を解かれるが、五月には上総国富津《ふっつ》（千葉県富津市）の警備に就く。

祐正がお役目で不在となった曾我家には、三十九歳の母民子と十一歳の鹿之助の二人だけが取り残された。下働きのトモは、給金節約のために暇をとらせていた。

祐興の四十九日の法要が終わった後、この曾我家の窮状を心配した外祖父の晁樹が、

「民子、これからどうするつもりか……。そなたと鹿之助二人では不用心じゃ。どうであろう、我が家へしばらく身を寄せてはどうかと思うておるが……。祐正のお役目が終わり、柳河へ戻って参ったら曾我家へ帰ればよいではないか」

と西原家への寄寓を勧めた。

後日談となるが、晁樹にとっての第二内孫の歌子は、安政四年の六月になって、祐正に嫁ぐことになる。歌子十五歳、祐正十八歳の年で、この年の十二月には鹿之助が元服して「祐準《すけのり》」（通称は準造）と命名される。もちろん、名付け親は晁樹であった。なお、歌子と祐正の婚儀は、「重縁」（近親結婚）といい、当時の社会ではめでたいものとされていた。

かくして、民子と鹿之助は西原家に寄寓することとなる。西原家は曾我家から半里（二キロ）ほどの、裏庭が城堀（現在のどんこ舟の川下りコース）に面した袋小路にあった。

父を失った鹿之助は、この祖父晁樹を父親代わりにスクスクと成長していった。二人は、裏庭での野菜作りや、裏庭から釣り糸を垂らしての魚釣りを楽しむ平和な日々を過ごすのである。

西原家の二人の娘（克子と歌子）とは、お互いに異性を意識したのか、一緒に遊ぶことはあま

りなかった。

野菜作りも魚釣りもできないある雨の日――

祐準が幼少時代に釣りを楽しんだ掘割。
現在は川下りのコースになっている

「鹿之助、今日はいいものを見せてやろう」

と祖父が鹿之助を奥の仏間兼座敷へと誘った。

「おじじ様、いいものを頂けるのでしょうか?」

「いやいや、くれてやるのではないが、いずれお前に進呈してもよいと思うておる」

晃樹はそう言いながら、仏壇の奥から、布包みを恭しく取り出した。

「……?」

布を開き、さらに油紙を取り除いて仏像のようなものを押し頂いた。それは、一尺(約三八センチ)ちょっとの青銅製の孔子像であった。

「孔子様だよ。お前も学んでいる『四書五経』の教えを諭された唐国の有り難いお方だ」

と鹿之助の未だ小さな両手に握らせてくれた。

ズシリとしたその重みに、鹿之助は取り落としそうになった。

「重いだろう？　これは、我が家の宝物だ。お前がどうしても欲しいと言うなら、やってもよいが……どうだ？　欲しいか？」

「いえ、私は孔子様は苦手です。兄上か誰か他のお方に差し上げてください」

「うっ……そうか。お前は学問よりも魚釣りや武芸が好きなようだな」

「はい、机に座ることより、何かで身体を動かす方が性に合っているのでございます」

祖父は、鹿之助があまり興味を示さなかったことに少々ガッカリした様子で、その孔子像を押し頂き、油紙と布で大切に包み込んだ。

この青銅製の孔子像は、晁樹が懇意にしている柳河藩御典医の西家から高額で買い取っていたものである。西原家にあったこの孔子像は現在、湯島聖堂（東京都文京区湯島）に奉安されているが、柳河藩学問の祖とされる安東省菴《せいあん》ゆかりの品であった。

省菴は、万治三（一六六〇）年に明国から長崎に亡命した朱舜水に対して、自らの俸禄二百石（年収約四百万円）の半分を扶養費として五年間も贈り続けた高徳の人であった。その後、舜水は水戸の徳川光圀から招聘され、東上の折、柳河の省菴宅に立ち寄って三体の青銅製の孔子像を進呈したのであった。

西原家の孔子像は、そのうちの一体で、何かの理由で安東家から流出して、骨董屋の売り物として発見され、他藩へ売却されることを怖れた御典医の西元仲《もとなか》が買い取っていたのであった。

これを、晁樹が高額で買い取り、西原家の仏間に保管していたのである。

なお、残りの二体と共に、この孔子像はその後も数奇な運命を辿ることとなる。


さて、鹿之助の元服までの少年時代の生活へ話を戻すことにする。

この頃の鹿之助は、剣術を「家川念流」の篠澤道場で、また弓道は小原道場で学んでいた。

さらに、槍術を「扶木流」の佐野道場で学んでいた。

特に熱心だったのが、弓道であった。飛び道具の合理性が性に合ったのだろう。後年になって、長崎の高島秋帆《しゅうはん》に師事した藩の砲術師範の十時成四《なるし》郎《ろう》（無事老）が主催する「大成流」洋式操練・銃砲術の「鵬摶館《ほうでんかん》」に入門することからも、鹿之助の合理的精神は、すでにこの少年時代に芽生えていたものと想像できる。

　この十時成四郎も、兄の祐正と共に、立花壱岐の江戸湾

西原家が所蔵していた孔子像。
現在は東京都文京区の湯島聖堂
に奉安されている（斯文会蔵）

岸警備のため上総国の富津に駐屯していた。鹿之助が、大成流の銃砲術に傾倒していくのは、この時の兄祐正の見聞を土産話として聞いたこと、また、幼なじみの十時一郎が成四郎の甥であったことも、その要因となったようである。

鹿之助は、小原道場での弓技に満足せず、間もなく「日置流《へきりゅう》」の立花道場へ通うようになり、弓の技を極めていく。自然に、槍術の佐野道場と疎遠になって、半年でやめてしまう。

ある日、鹿之助が民子に、

「母上、馬術を始めたいのですが……」

とねだると、

「馬術は易き芸で、いつでもできるのですよ。まだ早すぎます。第一、馬術をなさる方々の顔ぶれをご覧なさい！　風紀悪しき人々ばかりではありませんか。絶対に駄目です」

と母らしからぬ返事が返ってきた。

「では、いつになったらよろしいのでしょうか？」

と食い下がる鹿之助に、

「十五の元服が過ぎたら、許しましょう」

と民子は約束した。

しかし、もはや馬術の時代でも、弓や火縄銃（柳河では鳥銃といった）の時代でもなかった。「蒸気船」と「洋式銃砲術」の時代が目前に迫っていたのである。

その年、すなわち嘉永七年（安政元年）の暮れ、柳河でも、三月の日米和親条約締結と八月の日英和親条約締結、そして十二月の日露和親条約締結が伝わり、話題となっていた。

暮れのある日、縁側で日向ぼっこをする祖父に、鹿之助が尋ねた。

「おじじ様、和親条約とは、いかなる約束事なんでしょうか?」

すると、晁樹は、

「鎖国をやめて、諸外国と仲良くすることだ。これからは、日本はもちろんこの柳河も大きく変わるだろうよ」

と教えてくれたのである。

明けて安政二（一八五五）年は、柳河にとっては穏やかな日々であったが、江戸では九段坂に洋学所（翌年に蕃書調所と改称）が、長崎では海軍伝習所が開設され、時代のうねりはその振幅を大きく増大させていた。

十月には、老中首座であった阿部正弘がその職を下総佐倉藩主の堀田正睦《まさよし》に譲り、さらに彼を外国事務取扱（初代の外相）に任命して、来るべき外交交渉のために万全の陣容を整えていた。

兄祐正の帰国

西原家での穏やかな安政二（一八五五）年も暮れ、柳河も安政三年の春を迎えた。鹿之助にとっては十三歳の年の春であった。

西原家の二人の娘たちには、縁談の話がそろそろ持ち上がっていた。姉の克子は十六歳で、妹の歌子は十四歳になっていたが、克子の婿取りが難航しているようであった。

姉妹の両親は、父の晁文《あさふみ》（杉森家からの養子で、母は晁樹の妹）、そして母の駒子で、駒子は晁樹の長女すなわち民子の姉にあたる人で男勝りの女性であった。一方、父の晁文は入り婿のため影の薄い人ではあったが、城中目付を務めていた。後に、長柄頭・御用人小姓頭を歴任して四十一歳で早世する。

ゑらゑらに（楽しく） 酒くみかわし 酔てこそ 人の心も あかく（虚心）なるらめ

という晁文の和歌に、温厚誠実で謙虚な人柄が滲み出ている。

国学者の家柄と、美貌ではあるが勝ち気な克子に、城下の適任者として選ばれた次男・三男が後込《しりご》みをしているようであった。

そんなある日、縁側の祖父と鹿之助へ茶菓子を持参した歌子が言った。

「鹿之助様は、姉上のことをどのように思われますか?」

「はっ、お綺麗なお方と……」

「いえいえ、殿方が姉を避けておられる理由ですよ」

「はい、私にはよくわかりませんが……」

と鹿之助は口を濁した。すると、歌子が、

「姉上はお綺麗なお方ですが、少し気位が高いのです。私が婿養子を取って西原家を継ぐわけにもまいりませんし、困ったことでございます。ねっ、おじじ様?」

と歌子は祖父晁樹の表情を窺った。

歌子は女系家族の西原家に生まれたことを恨めしく、また姉が片付かなければ自分も嫁にいけなくなると思っていたのである。

「そうよ、困ったことよ」

と晁樹は歌子の娘心に同調せざるを得なかった。歌子が退室した後、

「鹿之助、そろそろ堀割も温む季節になったのう。魚釣りができるぞ。釣り竿の手入れでもいたそうか……そうじゃ、弓に熱心なことはよいが、そろそろ学問を始めんといかんぞ」

と晁樹は鹿之助に忠告した。

「はい、伝習館へ入門しようかと考えていますが……」

「それがよかろう。武芸だけでは、これからの時代は乗り越えることができぬぞ」

と祖父は娘ばかりの内孫のことよりも、外孫の鹿之助の方に心を砕いていた。

当時の藩校伝習館は昼夜二部制で、「昼詰」「夜詰」と称していた。昼詰の方は九歳くらいからの藩内の武家の子弟六十余名ほどが常時学んでいた。他方の夜詰は藩外の武家の年長者が留学し、寄宿生として学んでいた。

指導に当たる職員は、学監・助教授・訓導・句読師と呼ばれて、学習の内容は「四書五経」の漢学が中心であったが、他に国学・小笠原流の礼法もあった。

この伝習館は、前述の安東省菴の儒学の流れを汲み、字句解釈のみが講義の中心であったため、幕末の頃には衰退していた。肥後の横井小楠《しょうなん》に師事した池辺藤左衛門（号は城山）、またその弟子で最後の家老となる立花壱岐の実学志向による「肥後学」が柳河藩内でも台頭しつつある時期であった。

そもそも、藩校伝習館は、第九代藩主の鑑賢《あきかた》の命によって、文政七（一八二四）年に安東家第六代当主の節菴《せつあん》と当時の家老小野勘解由《かげゆ》により創設された藩校であった。翌年になって、校舎（現柳川市本町。元の消防署敷地）が建設されている。この時、朱舜水から安東省菴へ贈られた孔子像三体のうちの一体（現在、伝習館高校「三稜記念館」に奉安の像）が講堂へ安置されてから、すでに三十二年が経過していた。

ところで、十二代柳河藩主の鑑寛は、越前の第十六代藩主松平慶永《よしなが》（春嶽）の姉婿で、水戸の烈公徳川斉昭《なりあき》に心酔していた。なお、慶永の正室勇姫《いさひめ》は肥後の第十代藩主細川斉護《なりもり》の娘という姻戚関係があった。

嘉永六（一八五三）年の十二代将軍家慶薨去《いえよしこうきょ》に伴う将軍継承問題では、斉昭の四男慶喜《よしのぶ》を担ぐ「一橋派」と紀州藩主の慶福《よしとみ》（後の家茂）を担ぐ「紀州派」とが対立して、一橋派は病弱・無能な家定の十三代将軍就任を阻止しようとしたが、結局はこの家定が将軍に就任していた。安政五年になって、この慶永と斉昭は、大老に就任した彦根藩主の井伊直弼《なおすけ》の「安政の大獄」によって謹慎処分を受ける。

このような人脈と時代の流れの中で、柳河藩首脳部は尊皇攘夷の鎖国派が大勢を占めていたが、ペリーとプチャーチンの来航とその警備派兵を境にして、柳河藩内でも徐々に尊皇開国派が台頭していった。

その代表が、小楠の「実学」（柳河では肥後学と呼ぶ）を学んだ、柳河藩最後の家老となる立花壱岐であった。小楠の「堯舜《ぎょうしゅん》三代の道」（後の「公共の政」）の神髄は、要するに「王道を明らかにして、万国に交わり、以て貿易の大利を通ずるは、天地自然の理勢」というものであった。壱岐によって藩論の大勢が「開国」へと傾く中、異を唱えた伝習館学監の横地玄蕃助は、城下を去るという実力行使（後に復帰）で、自らの反意を表明している。

したがって、当時の伝習館の漢学は廃れて、池辺藤左衛門が伝える小楠の肥後学が藩内の主流となりつつあった。

この安政三年の初夏、兄の祐正が上総国富津の海防警備の任を解かれ帰国した。その夜の西原家で催された宴で、晃樹が、

「祐正、お役目ご苦労であった。今宵はゆるりと過ごせ」

と言いながら、祐正に酌をした。

「はっ、おじじ様、遠慮なく頂きます。留守中は母と鹿之助が大層お世話になり、お礼の申しようもございませぬ」

と祐正は曾我家の当主として折り目正しく挨拶をした。民子も満足そうに、目を細めていた。鹿之助は、兄の逞しい成長振りに驚嘆していた。

西原家の二人の娘たちも、大人びて帰国した祐正を一人の異性として眩しげに見つめていた。特に、妹の歌子は祐正に熱い視線を投げかけていた。

一方、西原家当主の晃文と妻の駒子は、

(民子と鹿之助が曾我家へ戻れば、家計が助かる)

とニコニコと頷き合っていた。

かくして、翌日には、民子と鹿之助は坂本小路の曾我家へ戻り、帰国した兄祐正と三人での親子水入らずの生活が再び始まった。坂本小路に戻ったその日から、民子は義兄の晃文や姉の駒子、さらには姪の克子、歌子への気遣いからも解放され、もとの生き生き溌剌とした気丈な民子に戻った。

祐正は、壱岐の一番組付侍として、さらに逞しく成長していった。

鹿之助は、九月から伝習館に入学したが、十日ほどでやめたいと言い出してしまった。

「何を言うのです。入学ではあんなに晁文様にお世話になっていながら、今さらやめるわけにはまいりませんよ！」

と民子は鹿之助の意気地なさを叱りつけた。

「でも、私の性に合わないのです」

と鹿之助が食い下がっても、民子は決して首を縦には振らなかった。祐正が、横から、

「母上、鹿之助はジッと机に座っているのが苦手なんですよ」

と肩を持ってくれたが、

「机に座るのも、修行と思わなければなりません！」

と、兄の援護射撃もピシャリとはね除けた。

鹿之助は、渋々ながら伝習館へ通った。伝習館の講義が午前中で終わることもあって、午後は弓の日置流立花道場へ通い続けた。剣術と槍術は午前中であったことから、剣術の家川念流篠澤道場もついにやめてしまう。当時、「槍は柳河、剣術は久留米、銃砲は薩摩」といわれていたが、槍術の扶木流佐野道場はとっくにやめていた。

鹿之助には、伝習館以外に弓しか打ち込むものがなかったことから、益々、弓にのめり込むようになる。

翌安政四年、鹿之助は十四歳にして日置流免許皆伝の域に達する。この年の初夏には、兄の祐正が西原家二女の歌子を娶るという、二重の喜びが曾我家に訪れるのである。

もちろん、この婚儀を進めたのは祖父の晁樹であった。ただ、姉の克子にはまだ婿取りが決まっていなかったので、西原家の晁文と駒子は複雑な表情で祝いの宴に列席していた。

この時、祐正は十八歳で、新妻の歌子は十五歳であった。歌子の甲斐甲斐しい働きと、嫁姑が姪と叔母の関係でもあったことから、二人の仲は上々で、曾我家は傍目にも羨む家庭となった。

この年の五月、下田条約が調印された。下田条約は、あくまでも日米和親条約の限界内での日米協約で、アメリカ総領事ハリスの将軍謁見が容易に許可されない空白の期間を利用して調印された、いわば時間稼ぎのために締結された条約である。ただ、この条約で、下田・箱館のアメリカ人に対する領事裁判権（片務的）が規定されたことは特筆に値する。

十月二十一日になって、ハリスは待ちわびた第十三代将軍家定への拝謁を果たす。

元服、そして転機

兄祐正が歌子を娶り、四人家族となった曾我家では、十月の吉日を選んで、また祝いの宴が催された。

鹿之助の元服（加冠）の儀式が行われたのである。この日、西原家からは晁文と妻の駒子が、そして烏帽子親として祖父晁樹が列席した。

当時の武家社会においては、数えで十五の年にこの元服の儀式が行われた。具体的には、前髪を落として月代《さかやき》を剃り上げ、童形を改めるというものであった。烏帽子を加冠するようなことは、もはや廃れて行われることはなかった。幼名を改め、本人に一人前の大人としての自覚を促す方が重要視されていたのである。

命名の際、父祖もしくは烏帽子親の一字をもらうことを通例とした。

「鹿之助、曾我家では代々『祐』の一字を継承するを習わしとしておる。よって、鹿之助改め祐準《すけのり》とする」

と晁樹が「祐準」と書かれた懐紙を取り出しながら、畏まって控える鹿之助に告げた。

「はっ、祐準の名、有り難く頂戴仕ります」

と鹿之助はちょっと小首を傾げて祖父に平伏した。

同席の民子、祐正、歌子、そして西原家の晁文、駒子も低頭した。

「鹿之助、いやいや祐準よ、『準』の一字は拠り所という意味だぞ。『祐』は古来より補佐官の意味じゃ。つまり、お前は、補佐官の拠り所ということになるかのう。戦での参謀・軍監ということになるが、不服か？」

「いえ、不服ではございませぬが、要するに大将ではないのですね?」

と祐準は祖父に食い下がった。晁樹は困惑げに、

「上に立つ者を支えるは、曾我家の本望とするところぞ。しっかり励めよ!」

とどうにか祐準を納得させた。

実は、この晁樹の予言は、後年になって的中することになる。祐準は明治二(一八六九)年の箱館戦争の折、新政府の海軍参謀を拝命する。その後、明治七年に陸軍士官学校校長(一期生は明治八年に入校)、明治十一年に熊本鎮台司令長官、明治十四年の中部軍監部(後の教育総監部)長補佐を経て、仙台鎮台司令長官などを歴任する。階級は参謀で、帝国陸軍草創期の士官養成に尽力することになる。

母民子がたらいと剃刀を運び、晁樹が祐準の前髪を下ろし月代を剃り上げた。儀式も滞りなく終了して、一同は祝いの膳を囲んだ。嫁の歌子が甲斐甲斐しく立ち働く姿を見て、晁文、駒子は満足そうであった。

顔を赤くした晁文が、ここぞとばかり、

「祐準さん、最近欠席が多いようですが、いかがなされました?」

と尋ねた。

「はっ、伝習館の字句の解釈ばかりの講義が、私の性に合わないのです」

「何！」

すかさず、祖父の晁樹が盃を止めて祐準を見つめた。一同の箸も止まり、祐準の反応を窺うと、

「で？」

「実は、伝習館もかれこれ一年間通いましたので、やめようかと考えているのです」

「吉田塾へくら替えしたいと思うのですが……」

「！……」

しばしの沈黙の後、晁樹が口を開いた。

「吉田塾とは、元中老であった吉田吉三さんの所か？　曾我家と吉田家は遠縁になるが」

「はい、孫一郎さんに誘われているのです」

吉田家の現当主は、吉三の隠居に伴いその弟の舎人《とねり》が継承して、やはり中老を務めていた。孫一郎は舎人の嫡男で、祐準とは同い年の幼友達であった。

この家塾は、吉田家の書院の名に因んで「尚友楼《しょうゆうろう》」と呼ばれ、肥後学をとり入れた、柳河では評判の塾であった。晁樹はその吉三とは懇意の間柄であった。

「今一つお許しを得たいことがございます」

「うっ……」

一同は、祐準の言葉を待った。

「実は、兄上も入門されておられる大成流の洋式銃砲操練を学びたいのですが……」

また、一同の箸と盃が宙に止まった。晁樹は、答に窮して民子の表情を窺い、

「お前は欲張りだのう。困った奴だ。しかし、二つも同時にやれるのか?」

と遠回しに拒絶するより仕方がなかったのである。

この頃、柳河の若者の間で、尚友楼に通い大成流を学ぶことが流行になっていた。

「はい、どちらも毎日ではございませんし、大成流は兄上の非番の時にお供するつもりです。また、吉田先生の所は、好きな時だけ行けばよいのです。その節は兄上、よろしく」

「うん、それはもちろん構わないが……」

と祐正が引き受けてしまった。

晁樹は、ついに根負けして、

「よかろう、許可することにいたそう。しかし、途中で投げ出すなよ。ところで、民子も異存はあるまいな?」

「はい、言い出したら聞かない子ですから……。実は、馬術もやりたいと以前からねだられておりましたから、元服したら許可しようと思っておりました。本当に三つもやれるものか、些か心配でございますが……」

「何! まだあったのか?」

晁樹は、ついにあきれ顔で盃をあおった。

一方、城中目付の晁文は、時代に取り残されつつある伝習館への入門生が減少している実状を十分に認識していたので、一人、

（さもあろう）

と納得しているようであった。

翌日から、早速、祐準は吉田家の尚友楼へ通い始めた。その時の学友には、同年齢の吉田孫一郎（後の断隊参謀）、大城𩋡《ふく》、一歳下の森一松、由布《ゆふ》為之助、武島謙三郎、佐藤義方、そして先輩として十時一郎（後の英隊参謀、藩船「千別丸」初代艦長）、大村務《つとむ》（後の断隊一番隊長）、由布九郎、小田部《こたべ》作馬らが学んでいた。

私塾といっても、塾頭の吉田吉三の方針で、伝習館のような一斉講義という形式張ったものではなく、吉田家の書斎へ自由に出入りして、塾生同士が思い思いのことを語り合う気儘さが祐準の性に合った。吉田家の蔵書を自由に閲覧することも許されていた。

ほどなくして、祐準は兄祐正と共に、大成流道場へも通うようになった。道場といっても十時家の広い長屋を根城にして、師範の十時成四郎による、長崎での高島秋帆との交流話や、出島のオランダ人たちから聞いた異国の受け売り話が、主たる講義であった。

長屋の奥には、長崎で購入した藩所有のゲベール銃が数挺置かれており、自由に手に取ることが許されていた。

この頃の大成流練習生は、ほとんど尚友楼の塾生であった。他に、幼なじみの笠間廣達《ひろたつ》や先

輩格に中村祐興《すけおき》（後に長崎外聞役《とぎきやく》）、立花参太夫（後の英隊一番隊長）、石川重郎（撰一、後の英隊二番隊長）、それに兄の祐正ら二十数名が通っていた。この中の二十九歳で最年長の中村祐興が祐準の面倒を何かと見てくれ、祐準はこの祐興を終生兄貴分とし、親交を結ぶこととなる。祐興は、維新後に大蔵省抄紙部長（造幣局長）、子爵となり、多くの時代のリーダーたちが師事した中村天風（三郎）の養父となる人物である。

祐準は、午前中に尚友楼へ出掛け、昼時に坂本小路の我が家へ帰って昼餉を摂った後、午後から大成流道場へ通った。時に、昼餉を摂り損ねたような場合には、祐準は十時家の厨房で昼餉を振る舞ってもらうこともあった。他の練習生の多くも、図々しく昼餉をご馳走になっていたので、十時家の賄い費用は莫大なものになっていた。

師範の十時成四郎は、門閥の十時家の次男として生まれ、一時、小田部家へ養子に出ていたのであるが、その後十時家へ戻って、気楽な居候の生活をしていた。

火縄銃から洋式銃砲への転換は、天保十三（一八四二）年の頃からで、西の高島秋帆そして東の江川太郎左衛門の名声は、柳河へも伝わっていた。気楽な成四郎は、このような時宜を得て、長崎の高島秋帆に師事したのであった。なお、江川の門人には、佐久間象山、川路聖謨《としあきら》や大山巌らが名を連ね、その総数は四千人にも及んだという。

成四郎は、後に「無事老」と号する。柳河の刀槍兵制をいち早く銃砲兵制へ導いた先覚者であった。

「抱負山の如く」

元服後の祐準は、吉田家書院の家塾尚友楼において国内外の情報を、そして十時家長屋の大成流道場において最新の洋式兵制を学ぶ日々に満足していた。義務的な伝習館での学習とは違い、すべてが新鮮であった。

尚友楼では、『論語』はもとより、『史記』『孟子』の会読が塾生の自主的な運営で催されていた。また、詩作に興じたりもした。

ある日、横井小楠の実学を論じた後、先輩の十時一郎の呼び掛けで密かに「血判盟約」をしたことがあった。吉田孫一郎、曾我祐準他十五名の血判が集まり、その内容は、「この身を公共の天下国家に捧げん」という若者らしい「青春の雄叫び」であった。

このように、祐準を取り巻く環境は、学友相互の切磋琢磨によって、高い志と旺盛な士気を育むのに十分なものであった。

年が明け、安政五（一八五八）年の春、祐準は幼なじみの笠間廣達を誘い、念願叶って馬術をやり出した。

当時の柳河藩の馬場は、城南の位置に、その名の通りの馬場小路（現柳川市上宮永町）にあった。常時、三十数頭の馬が藩立の厩舎に飼われていた。馬場へ通ったのは、晴天の日に限り月のうちに四、五回程度であったが、祐準も廣達もみるみる上達した。母民子が言ったように、「馬術は誠に易き芸」だと祐準は納得した。

祐準にとって、充実の安政五年の五月、兄の祐正が父・祖父と同様に物頭に任ぜられ、曾我家は元通りの禄高に戻った。民子は、

「有り難いことです。さっ、仏間でお父上にご報告ですよ」

と言い、歌子も同席して家族四人は灯明を灯し、祐興の位牌に額《ぬか》ずいた。

翌日、西原家から、祝いの大鯛が届けられた。この頃、晃樹は床に臥せることが多くなっていたので、その大鯛は魚屋が届けてくれた。

柳河藩の馬場跡周辺（柳川市上宮永町）

話を祐準の青春に戻そう――。
祐準が「馬術」で何よりも楽しみにしたのは、「遠乗り」と「水馬」であった。
遠乗りでは、小倉、博多、立花山、太宰府、長崎、佐賀の岩屋、肥後長洲などの他藩へも出

掛けた。水馬では、これは夏場だけの行事であったが、黒崎海岸、沖端、矢部川へ出掛けた。他に「騎射」もあったが、これは馬場内に設けられた的《まと》を撃つ流鏑馬《やぶさめ》で、半ば遊びみたいなものであった。

その年の秋、佐賀の多久へ出掛けたのは、笠間に誘われたためであったが、片道十一里（約四四キロ）の遠乗りは爽快であった。佐賀城下を迂回して、嘉瀬川《かせ》、牛津川、多久川を渡れば、そこは、晩秋の紅葉に彩られた「佐賀の隠れ里」というに相応しい佇まいであった。

「祐やん、来てよかっただろう。間もなく孔子聖廟だ」

と笠間は自慢げに馬上から問い掛けた。

「うん、なかなかよい所だなあ。でも、私は孔子さんは苦手だよ」

と祐準は案内してくれた笠間に花を持たせた。

そもそも、笠間廣達は笠間奥庵《おくあん》という藩の儒官の孫に当たるのだが、祐準同様に学問よりも武芸を好む質《たち》で、二人は似た者同士の竹馬の友であった。

多久の孔子聖廟（重要文化財）は、宝永五（一七〇八）年に第四代邑主《むらぬし》（領主）の多久茂文（第二代佐賀藩主鍋島光茂の子）の命によって、藩校「東原庠舎《とうげんしょうしゃ》」の敷地内に創建・竣工された唐風の荘厳な建物である。廟内には、京都の儒者中村惕斎《てきさい》が鋳造指揮したという青銅製の孔子像が八角厨子（重要文化財）に納められている。

唐津街道をそれて丘陵地を登ると、紅葉の茂みに赤い建物が見えてきた。

「おっ、これは凄い！」

と祐準は感嘆の声を上げた。

二人は、登り参道脇に馬を繋ぎ、石畳を登って行った。

その赤い建物は、横幅九間、奥行き十二間、高さ七間のまさに唐寺であった。

「このような建物を見るのは、初めてだよ。柳河にはないなあ」

と祐準は再び叫んだ。笠間は、以前に来たことがあったようで、祐準に色々と講釈してくれた。

「多久の雀は論語をさえずるそうだ。また、百姓衆は鍬を置いて道を説くそうだ」

としたり顔の笠間が、儒官の血筋らしく祐準をからかった。

「柳河の雀も百姓衆も論語を学ばんといかんのかなあ」

と祐準は素直に応じた。

その時、数名の少年たちが廟内から出て来て、二人に低頭した。笠間と祐準も慌てて低頭した。少年たちは東原庠舎の塾生のようであったが、その身なりから武家の他に百姓・町人の子弟もいるようであった。

「？……」

いぶかしげな祐準に、笠間が説明してくれた。

「ここの藩校では、百姓・町人の入学を奨励しているそうだ。学利規定に『百姓・町人といえども師範に申し出て、学舎、道場にて相励むべし』とあるそうだ」

「そうか、伝習館とはずいぶん違うなあ。佐賀の殿様は確か鍋島直正公だったはずだが、その支藩の関係なのか、多久は開けた所なんだな」

「そうなんだ。直正公は蘭癖大名とも呼ばれていて、よく長崎の出島へ出掛けるそうだ」

「なるほど、私もいつか出島へ行きたいものだ。その時は、廣やんも一緒に行こうよ」

祐準は、笠間の博学振りに関心すると同時に、この多久へ遠乗りして本当によかったと思っていた。

「そろそろ、飯にしようか」

とどちらが言うともなく、二人は背中の飯包みを開けた。

涼やかな風に乗って、東原庠舎の方から塾生たちが朗読する「四書五経」の文言が微かに聞こえてきた。

後に、慶応元（一八六五）年のことであるが、この二人は十時一郎、中村祐興と共に長崎へ留学することになる。この時の二人には、長崎留学が本当に実現しようとは思いもよらぬことであった。

この頃、江戸では、四月に井伊直弼が大老に就任して、六月に日米修好通商条約が締結されていた。続いて、蘭・露・英・仏との間でも修好通商条約が立て続けに締結された。いわゆる五カ国通商条約の調印が完結したのである。

その後、江戸では、外交問題は一段落したものの、大老井伊直弼によって、世に言う「安政の大獄」の粛清が進行していた。まず七月、水戸の徳川斉昭、越前の松平慶永らが謹慎処分に処せられたのであった。

明けて安政六年、祐準十六歳の年――

祐準は後年、この頃のことを自叙伝に記している（以下、自叙伝はすべて『伝記叢書42 曾我祐準翁自叙伝』〔大空社、昭和六十三年〕からの引用）。

我が一家に取りては、無事平穏、最幸福の時であつた。母君は極めて健康で、未だ老境に入らるゝではなし。家兄（祐正）は物頭役に精勤最中、殊に万延元年に嫡男祐義の誕生はあり。又余は青年に入るか入らぬかと云ふ年頃で、鋭気勃々、万事に付け負ける事が大嫌ひで、抱負山の如く、妄想海の如く、加之身体極々健康で、何等故障なく、文武の修業に一身を打任せた。

しかし、西原家には、前年の当主晃文の急逝に続き、再び不幸が訪れた。以前から床に伏すことが多くなっていた外祖父の晃樹が、享年七十九歳で他界したのである。

その一カ月ほど前に、民子と祐準は見舞いに西原家を訪れていた。その折、床に伏す晃樹が、

「おおっ、民子に祐準よ、よく来てくれたな。有り難う」

と力なく二人を迎えた。

「実は、お前に頼みがあったのだ。いつかお前に見せたことのあるあの孔子像を、吉田家の尚友楼に寄贈したいと思っておったのじゃよ。お前も尚友楼に世話になっていることだし、有為の青年があまた集う場所だから、そこが孔子像を奉安するに相応しいと思うておった。頼まれてくれるか？」

「はい、あの孔子像を吉田先生へ届ければよろしいのですね？」

「そうじゃ。吉三殿によろしく伝えておくれ」

　恐らく、晃樹はすでにこの時、自らの余命が幾ばくもないことを自覚していたに違いない。外孫の祐準へ譲るつもりであったのだろうが、祐準がこの孔子像にあまり興味を示さなかったことから、吉田家への贈呈を決意したものと想像される。

　かくして、省菴ゆかりの孔子像は、西原家から吉田家へと移管されるのである。後年、この孔子像は、

祐準の人格形成に大きな影響を与えた祖父，西原晃樹の墓（中央。柳川市西魚屋町・報恩寺）

再び数奇な運命によって流転する。

祐準が、尚友楼の吉田吉三へ届けると、

「おおっ、これは朱舜水先生から安東省菴先生へ贈られたという孔子像！　このような貴重な品をもらうわけにはまいらぬ。しかし、晁樹殿のご厚意を無にすることもできぬゆえ、我が家で一時お預かりすることにいたそう。祐準さん、晁樹殿のご本復を祈りましょうぞ」

と吉三は孔子像を恭しく受領した。

ほどなく、吉田家の広大な庭の隅に小さな御堂が建てられて、この孔子像が安置されたのである。さらに、御堂前の広場には、弓の射場と槍剣の練習場も開設された。

御堂の竣工式には、塾生一同は裃に威儀を正して「釈菜《せきさい》」の儀式が催された。塾生の手で、甘酒、栗、銀杏、筍、餅、フナなどが供えられて、尚友楼を主催する吉田吉三が、

朋あり、遠方より来る。また楽しからずや。

学びて思わざれば、則ちくらし。思いて学ばざれば、則ちあやうし。

朝に道を聞けば、夕べに死すとも可なり。


と朗々と献吟した。

釈菜の儀式が終了した後、吉田家の心尽くしの肴で、一同は盃を上げた。この時の塾生の多

くが、慶応四（一八六八）年（九月から明治元年）に立花壱岐が断行した「柳河藩軍制改革」遂行の中核メンバーとなって、奥羽戊辰戦争へ従軍することになる。

同じ頃、十時成四郎邸宅の敷地内には鵬搏館の建物が竣工する。


安政六年の暮れ、江戸での大老井伊直弼による粛清によって、梅田雲浜《うんぴん》が獄死、また橋本左内、頼三樹三郎、吉田松陰らが死刑に処せられたことが柳河にも伝わって来た。

明けて万延元（一八六〇）年の正月、日米修好通商条約批准のために、使節の新見正興《まさおき》らがポーハタン号に座乗して渡米したこと、また、勝海舟が艦長を務める咸臨丸がその随行艦として渡米したことも伝わって来た。

ほどなく、三月に井伊直弼が水戸脱藩浪士らに襲撃されて桜田門外で横死したという知らせに、尚友楼の塾生たちは義憤を隠せないでいた。

この年の初夏、曾我家は五人家族となった。祐正と歌子の間に、嫡男の祐義《すけよし》が誕生して、祐準は十七歳で叔父になったのである。

江戸へ

年が改まった文久元（一八六一）年、十八歳の祐準は文武両道に精励して、逞しく成長していた。

　この年の秋、祐準に転機が訪れる。二十二歳になった兄祐正に、物頭として江戸下谷藩邸詰が命じられたのである。

「祐準、お前も十八歳になることだし、いつまでも柳河にいても仕方がありますまい。少し、他邦の風に吹かれて世間の空気を吸うてみてはいかがですか？　兄上の江戸詰は、またとない好機ですよ。兄上の若党として他邦見習に出掛ける気はありませんか？」

という母民子の勧めに、

「えっ、よろしいのですか！　ぜひにも兄上のお供をさせてください」

と祐準は小躍りした。

「他邦見習」とは、この当時の武士の子弟が若党として藩外で修業をすることで、祐準にとって千載一遇の好機が訪れたことになる。

　ところが、十一月初旬の出立の三、四日前に祐準は風邪にかかってしまい、随行を見合わせることとなる。しばらくして風邪は完治したのであるが、この時代のこととて単独での江戸まで三百里の旅は許されるはずもなく、年は暮れて、文久二年の正月を迎える。

　誰か適当な同行者がいないものかと探しているうちに、祐準は大流行していた風疹に感染してしまう。予防接種もしない時代であり、成人になってからの祐準の病状は重症であった。

　梅雨明けには、その病もどうにか完治したものの、祐準は江戸行きを諦めかけていた。健康を取り戻した祐準は、再び尚友楼へ通い出したのだが、ある日のこと、吉田孫一郎が祐準に吉報をもたらしてくれた。

「祐さん、親父（中老の舎人）の話だが、中老の十時兵馬様の江戸行きが内定したそうだよ。どうも立花壱岐様から出た話で、江戸の情勢を探る目的だとか。親父の口利きがあれば、随行が可能だよ。よかったな」

「孫さん、有り難う！　恩に着るよ」

と祐準は孫一郎の手を握って頭を下げた。

「出発は盆前だとか。まだしばし猶予があるから準備しておけばよい」

「ああ、わかった。お袋様も喜んでくれるだろう。本当に有り難う」

この会話に登場する十時兵馬という人物は、安政五年からの柳河藩の「安政の改革」を推進した立花壱岐の「懐刀」として知られる人物である。この時期、三十一歳の壱岐は藩政から退き、隠居の身であったが、中老職の兵馬は引き続き藩政の中心として大きな力を持っていたのである。安政五（一八五八）年に用人として壱岐に取り立てられ、万延元（一八六〇）年には中老に抜擢されたほどの柳河藩随一の「切れ者」として、誰からも一目置かれる存在であった。この時、三十四歳であった。後日談となるが、この兵馬は明治元（一八六八）年の明治天皇即位の大典に旧藩主鑑寛の名代として参列する。

さて、祐準の東上であるが、同行者は十時兵馬、供侍二名、若党二名（中間・小者）で、総

勢六名であった。その行程は自叙伝によると、

八月十四日　柳河出立、徒歩で三日

十六日　小倉泊まり

十八日　小倉から「飛び船」（早船）で瀬戸内海航行六日

二十三日　大坂着、中の島（現吹田市）の柳河藩大坂館泊まり

三十日　大坂出立、伏見まで川舟（十時が中老身分であったことから、屋形船）で上り、その後徒歩で十六日

九月十四日　江戸下谷藩邸着

と記録されているので、所要日数は三十二日間である。

この間、二度ばかり町駕籠を利用しているが、この三十二日の日数は当時としては普通の旅程であった。ただ、箱根から湯本への架橋が崩落していたため、畑宿で二日間の足止めをくったことが予定外であったようである。

なお、藩の規定によって、給金、旅籠代、昼扶持、馬継代、船中賄代、川越賃などが支給される公務の旅であったため、祐準は小遣いだけを持参しておけばよかった。ただ、旅籠の食事は「三度三度、里芋ばかりを食した」と自叙伝には記されているので、祐準だけが各地のうまい名物料理を食べることはできなかったようである。同行者の十時兵馬の謹厳実直な人柄が、官費を節約させたのであろう。

江戸着の九月十四日とは、新暦では十月中旬に当たる。朝夕は冷え込む初冬の江戸の町は、賑わいもなく、どことなく閑散としていた。

藩邸には、家老代理、目付、物頭、留守居、平侍らの十数名しか在勤していなかった。中間・小者やその家族を含めても総勢で二百人程度の、予想外に少ない人数であったのである。

兄祐正の勤番長屋へ転がり込んだ祐準は、

「兄上、ただ今到着いたしました。どうぞよろしく」

と挨拶をして、祐正の妻歌子から託された、油紙に包まれた手紙を差し出した。

「うん、旅はいかがであった?」

と祐正はやつれた面持ちで応えた。

「……?」

「江戸でも大流行の風疹を患って寝込んでいたんだ。祐準も酷かったそうだな」

「はい、死ぬかと思いました」

「同じ時期に江戸と柳河で同じ病気を患うとは、似た者同士の兄弟だな。ところで、ご覧の通りのあり様で、藩邸内のお勤めは暇なんだ。祐準は、気兼ねなく好きなことをやってよいぞ」

二人の兄弟は、十カ月振りの再会を喜び合った。歌子の手紙には、恐らく二歳になる嫡男の祐義の成長の様子が綴られていたに違いない。

藩邸のみならず、江戸の町が閑散としていたのには、それなりに理由があったのである。

この年の正月、公武合体を推進していた時の老中安藤信正（磐城平藩主）が攘夷浪士から襲撃され負傷するという「坂下門外の変」が起こっていた。また、二月には、皇女和宮（孝明天皇の妹）が十四代将軍の家茂との婚儀で降嫁していた。そして、越前松平慶永（春嶽）が政治総裁に就任して、文久の改革が断行されていたのである。この政治総裁は、鎌倉幕府創設以来、前例のない職階で、幕政のほころびはもはや繕う術もなく、薩摩・長州・土州などの西南雄藩は「倒幕」の動きをすでに表しつつあったのである。

ところで、江戸の町が閑散となっていた理由であるが、この文久の改革によって、参勤交代の緩和、さらに人質としての大名の妻子の国勝手（帰国）が許されて、江戸の人口が激減していたためである。当時、江戸では、

春嶽は按摩のような名を付けて　上を揉んだり下を揉んだり

という狂歌が流行していた。

動乱前夜

江戸での祐準の役目は、兄祐正の物頭としての用務に若党として随行することであったが、主人が「兄」であったわけであるから、祐準は在柳の時よりも多く自由な時間を過ごすことができたのである。

ただ、勤番長屋の衣食住は惨憺たるもので、祐正の給金も島原の乱（寛永十四〔一六三七〕年）陣中掟をそのまま踏襲した薄給であった。基本給の賄い料として、一日に二人合わせて五、六合の白米、他に現金を月に銀十匁（一両の五分の一、約一万円程度）であったというから、江戸勤番を誰もが「疫病神」として忌み嫌ったことが頷ける。

当時の物頭の主な役目は、日光と上野の東叡山将軍家墓所への代参、また徳川三家（尾張・紀州・水戸）と三卿（田安・一橋・清水）への使者を務めること以外には、特別の用務はなかったのである。最初の頃は、物珍しさもあって祐正の供をした祐準であったが、二度目からは小者・足軽に役目を譲って、勤番長屋で読書に耽るようになる。

しかも、藩邸には読書家で知られる目付の杉森憲正《のりまさ》（尚友楼の仲間。杉森高校創設者である杉森シカ氏の父）や、同じ「他邦見習」の高畑恒之丞《つねのじょう》が在勤中であったことから、祐準の読書量は日増しに増加していった。さらに、杉森の紹介で、藩邸近くで私塾を開設していた神惟徳《かみただとく》という儒学者のもとへ通い、返り点が付けられていない漢文を読破するなど、祐準は読書三昧の日々を送ることになる。

また、ちょうどこの頃、藩邸内の藩医永松某の勧めで、頼山陽の『日本政記』を読む機会にも恵まれるのである。その面白さに取り憑かれた祐準は、全十六巻を購入しようとしたのだが、高額のため断念して、図々しくも永松某から借り受けて読破してしまう。

その読後感が自叙伝の中で、次のように記されている。

日本主義の堂々たる大議論には、余が愚を啓発し、勤王心を注入されたことが尠少ではなかつた。

なお、頼山陽とは、大坂の生まれで、安芸（広島）・江戸・京都を転々としながら、『日本外史』『日本楽府《がふ》』『山陽詩鈔』を著した当時のベストセラー作家で、詩人でもあった。晩年に、京都の庵「山紫水明処」で執筆したのがこの大著『日本政記』で、神武天皇から後陽成天皇までの本格的な皇国史論であった。

毎日読書ばかりというわけにもいかないので、祐準は時折、高畑恒之丞を誘って剣術の道場通いと馬術を楽しんだ。さらに、巣鴨にあった幕府の洋式操練場の見学に出掛けたりして、江戸の生活は充実したものであった。

しかし、時代は確実に「幕末動乱」へ向かって、その歯車が回転し始めていたのである。

江戸に到着したばかりのある日、柳河藩邸にも「生麦事件」の知らせがもたらされ、江戸の町は一時期厳戒態勢下に置かれたのである。

生麦事件とは、文久二（一八六二）年の八月二十一日、芝高輪の薩摩藩邸を発った島津久光の行列が川崎を過ぎ、東海道筋の生麦村（現横浜市鶴見区）に差し掛かった時、英国人四名が騎馬のままで久光の行列に遭遇したことに端を発する。

当時の東海道往還の道幅は、大名行列が通過すればそれで目一杯となるほどに狭かったのである。すなわち、騎馬の四人が道の傍らへ退避する空間もなく、さらに外国人が「大名行列に出会った場合、道の傍らで平伏してその通過を待つ」という日本の習慣を知らなかったことから発生した「無礼討ち」であった。

四人の英国人のうち、上海居留の商人リチャードソンは即死、友人で横浜在留のハード商会のクラークと生糸商人のマーシャルは負傷してアメリカ公使館へ駆け込み、香港居留のボロデール婦人は横浜の居留地へ辛うじて逃げ帰るという、翌年の薩英戦争の引き金となる国際的な大事件であった。

その日は、祐準一行がまだ「飛び船」で瀬戸内海を航行中のことで、大坂到着の二日前のことであった。

また、この文久二年には、将軍家茂の上洛が公布され、会津藩主の松平容保《かたもり》が新設の京都守護職に就任する。なお、容保の実弟の桑名藩主松平定敬《さだあき》が京都所司代となるのは、元治元（一八六四）年のことである。

さらに、暮れには英国公使館の焼き討ち事件も発生して、不穏な空気は益々拡大しつつあった。もともと英国公使館は、横浜の東禅寺に置かれていたが、文久元年の水戸浪士による襲撃事件のため、より安全な江戸周辺、品川の御殿山（現品川区北品川）に二階建ての広壮な公使館が竣工間近であった。そこを、長州藩の高杉晋作、久坂玄瑞《げんずい》、伊藤俊輔（博文）、井上聞多（馨）ら十二名が、十二月十三日八つ（午前二時）頃、爆薬を使って全焼させた事件である。


明けて文久三年の三月には、家茂が上洛。五月には長州藩による下関での米仏蘭の艦隊への砲撃事件、そして七月には錦江湾内での薩英戦争が勃発したが、もはや幕府はこれらの国際的大事件に対する調停能力さえ持ち合わせていなかったのである。しかも、この年の十一月には、幕府の瓦解を象徴するかのごとく、江戸城が大火のために丸焼けとなる。

祐準が江戸在府中の文久二、三年は幕末動乱の大事件が頻発していたが、皮肉なことに祐準の日常は平穏であった。

明けて元治元（一八六四）年、祐準二十一歳の年の六月、兄祐正の後任として、柳河から長岡弥右衛門（後の、軽卒の発隊隊長）が下谷藩邸に着任する。すなわち、曾我兄弟が待ちに待っていた帰国が許されることになる。祐正はいざ知らず、祐準は小躍りして喜んだ。丸二年間の江戸での生活も飽き、里心がついていたのである。

征長従軍

祐準と祐正の帰国行程は、自叙伝によると次のようになっている。

六月二十八日　江戸出立、徒歩で十五日
七月十二日　伏見着
　十四日　夕刻、伏見から川舟
十六日　大坂から「飛び船」で瀬戸内海航行六日
二十一日　筑前黒崎着、その後は徒歩で三日
　二十三日　柳河着

したがって、所要日数は二十六日ということになる。東上の折は、大坂館に七連泊したり、架橋の崩落で足止めをくったりで三十二日を要していたことを考慮すれば、帰路と往路はほぼ同日数ということになる。六、七月は、陽暦の七、八月であるから、梅雨明けの川止めもなかったものと想像される。この間、一度だけ駕籠に乗り、箱根山中と安倍川で驟雨に見舞われた

と記録されている。

伏見から川舟で淀川を下る時、祐準兄弟は山崎山（天拝山）の中腹に赤々と燃える篝火を発見する。

「兄上、何事でしょうか？」

「うん、ずいぶん威勢よく燃えているようだが、合戦の準備かな……」

その時、船頭が、

「お武家さん、あれは長州さんが駐屯していなさるんで……また戦ですよ」

と教えてくれた。

実はこの日は、「禁門の変」（蛤御門の変、元治元年七月十九日）勃発の五日前のことで、久留米の水天宮神官の真木和泉（尊皇攘夷派の理論的指導者、後に天王山で自刃）らが山崎（京都府乙訓《おとくに》郡大山崎町）に駐屯していたのであった。この中には、真木和泉に同調して参戦していた久保田治臣《はるおみ》ら数名の柳河藩脱藩の士の姿もあったのである。

中の島の大坂館の真向かいには長州の大坂藩邸があったのだが、柳河藩士の目撃談によると、「数日前に、長州藩兵が多数繰り出した」ということであった。

十六日に大坂館を出発し、河口から「飛び船」で瀬戸内海を航行中、芸予諸島に差し掛かった時、水主《かこ》が、

「長州の軍船が来るぞっ！」

と叫んだ。甲板に飛び出した祐準と祐正が水主の指差す方角へ目を凝らすと、確かに藩兵を満載した十数隻の船団が近づいていた。

「兄上、『長州中軍』の幟を立てておりますぞ！」

「うん、確かに……」

「長州はどこを相手に戦を仕掛けているのでしょうか？」

と祐準が祐正に聞いたが、

「……わからん。どこだろうか」

と祐正も判断しかねていた。

実は、この軍船を率いていたのは、長州藩世子《せいし》（次期藩主）の毛利元徳《もとのり》であった。

曾我兄弟も、この時の事の成り行きを理解していなかったように、この頃の長州藩の動きは複雑である。

話は少し遡るが――

前年文久三（一八六三）年の八月十三日、真木和泉を中心とする尊皇攘夷派の運動によって、孝明天皇自らが大和（現奈良県）の神武天皇陵へ行幸するという「行幸の詔《みことのり》」が出る。長州藩（この時、尊攘派）は、この行幸での攘夷祈願によって倒幕運動の加速化と具現化を図ろうとした。

しかし、薩摩・会津などの公武合体派がこの行幸を察知して、巻き返しを展開する。五日後の世に言う「八月十八日の政変」によって、公武合体派が主導権を握るようになる。結果的に、
一　長州藩の御所警備の解任（事実上の毛利敬親《たかちか》・元徳親子の京都追放）
一　尊皇攘夷派の公卿の官位剥奪（事実上の失脚）
が断行される。

官位を剝奪された公卿のうち七名が、長州藩兵に守られて、降雨の中を長州へ脱出する。この「八月十八日の政変」巻き返しのために、長州藩は「毛利親子の復権と七卿の赦免、さらには公武合体派への報復」を実現しようと千六百余名の兵を挙げた。曾我兄弟が江戸からの帰路で目撃したのはこれであった。

しかし、公武合体派の会津・桑名・薩摩三藩との禁門（蛤御門）における激闘の末、長州藩兵は敗走するのである。

かくして、幕府は、禁門の変の責任を追及すべく、八月に長州征伐（第一次）の幕命を下す。帰柳した祐準も、十五万余名の幕兵の一人として従軍することとなる。

この第一次の長州征伐は、江戸開府以降では大坂の陣、島原の乱以来の規模のもので、ほぼ二世紀半ぶりのこととなる。

七月二十三日の夕刻、祐準と祐正の兄弟は汗みどろになって、懐かしの坂本小路の我が家へ

無事に帰り着く。曾我家の小宅を囲んで立ち並ぶ楠の茂みから聞こえる蟬時雨は、耳を覆いたくなるほどであった。

ほどなく西原家から戻って来た母民子は、嫁の歌子を隠居小路（現旭町）に開店していた「本吉屋」へウナギの蒲焼きを買いに走らせた。

現在、柳川といえば「ウナギのせいろ蒸し」と「川下り」というように、ウナギは柳川観光の「目玉」となっているが、この本吉屋が営業店として開店したのは文久の頃であったという。

その夜、特別に座敷に設けられた膳の上には、民子と歌子の手料理とウナギの蒲焼きが載せられていた。祐準にとっては二年ぶりの、祐正にとっては三年ぶりの、我が家で酒盃を上げる至福の夕餉であった。

四歳になる祐義が、見知らぬ二人をしげしげと見つめていた。気づいた歌子が、

「これ、祐義！　あなたのお父上と叔父様の祐準さんですよ」

と説明しても、祐義は他所の人の闖入《ちんにゅう》と理解したのか、なかなか祐正にも寄り付かなかった。

その後、祐正は藩内の「物頭」の役目に精勤したのであるが、祐準は無役のこととて、再び尚友楼と鵬摶館へ通い始めた。

ところが、尚友楼の吉田吉三も七十五歳の高齢となり、塾生の多くが藩内の役付に就いたりで、自然消滅となる。一方の大成流の鵬摶館は、時宜を得たとばかりに、練習生は増える一方

であった。総勢で四十余名の練習生がいたが、主に武家の二男、三男で、十五、六歳の年少者もいた。

　時あたかも、八月の長州征伐の幕命が下り、柳河藩にあってもその準備を余儀なくされていた。ところが、当時の柳河藩の洋式銃砲装備は誠にお粗末で、物の役には立たない状況であった。祐準は、十時成四郎に指示を仰ぎながら、藩の首脳部と談判して「砲兵隊」を組織する。隊長は十時成四郎、頭取が曾我祐準と戸次退蔵、仁科権右衛門、会計方が中村祐興、笠間廣達という顔ぶれであった。

　立花壱岐の「安政の財政改革」で購入していた小銃百挺の弾丸として寺の釣り鐘を鋳直したり、瀬高村の酒屋の酒樽を大砲用の移動車に作り直すなどの悪戦苦闘の連続であった。ただ、大砲の常備がなかったため、長崎外聞役（主に平野山の石炭売買を任された出先の責任者）の中村祐興の斡旋で、二門の大砲だけは長崎出島の商館から買い付けた。

　そして、十一月の出陣となるのだが、第一次長州戦の準備期間はわずか三カ月余であった。

　この祐準の出陣に際して、民子は陣羽織と胴着を新調してくれたのである。陣羽織は、白雲に黒の大鷲をあしらった豪華な仕立てで、胴着は羽二重に藍色の曾我家紋を散らした、母民子の着物を仕立て直した品であった。

　民子の並々ならぬ情愛を感ずる品々に、祐準は改めて母の深い慈しみを実感したのであった。

七月の禁門の変を引き起こした長州藩の責任を追及する幕府の第一次長州征伐は、長州側では「四境戦争」と呼ばれる。尾張藩主の徳川慶勝《よしかつ》（容保・定敬の実兄）を総督とし、西国二十一藩を巻き込む大規模戦であった。将軍の家茂自らも大坂城へ出陣した。なお、副総督は越前藩主の松平茂昭（春嶽の養子）で、佐幕派と公武合体派の結集を意識した人事であった。

柳河藩では、十時雪斎（壱岐の実兄）以下、立花熊千代（後の備中。壱岐の嫡男で、この時十三歳。壱岐は病気のために隠居中）を陣代として、百余名の藩兵が肥後・豊前・安芸藩と共に、小倉に駐屯する。

この時、雪斎は小倉に駐屯中の西郷隆盛（三十七歳）と会談して、「内戦の拡大は、国運発展上憂慮に耐えぬので、長州藩の処罰を軽くして長州を承伏させ、内乱を治めるべし」と合議しているが、これは、祐準の進言によるものであった。

自叙伝の「征長従軍日記」によると、この間の祐準の動きは次のようなものであった。

・元治元年十一月十四日、出陣。この日正午、三柱神社にて武運長久と戦勝祈願をし、瀬高泊まり。

・十五日、筑後府中宿（久留米市）泊まり。

・十六日、午後に山家《やまえ》宿（筑紫野市）着。情報収集のために先発という下命により、戸次退蔵と共に早駕籠にて小倉を目指す。

・十七日、午後に小倉着。堀謙蔵に面会して、情報交換をする。

・二十日、筑前植木（直方市）の陣へ引き返す。
・二十一日、再び小倉へ赴く。
・二十四日、長州藩が降伏の動きを見せているため、渡海を見合わす知らせを持って植木経由で柳河へ向かう。途中で、小倉へ向かう十時雪斎に出会う。
・二十五日、夕刻に柳河着。城代家老へ復命する。
・二十七日、柳河を発つ。
・二十八日、早朝に植木着。雪斎付きの「周旋方」を拝命して、雪斎と行動を共にする。
・二十九日、小倉着。待機する。
・十二月二日、広島本営の総督徳川慶勝の諸藩重臣の召集により、雪斎と共に海路にて広島へ赴く。随行者は、他に堀謙蔵と戸次退蔵。
・三日、夕刻に長州の仙馬嶽付近に停泊。
・四日、午後に防府の由ノ浦を経由して、厳島（宮島）西方六里の地点に停泊。
・五日、広島河口に達し、河を上り上陸。広島の堺町「樽屋」に宿をとる。
・六日、風邪のために、一日だけ病臥する。広島本営の会議に雪斎と共に出席。長州はすでに降伏を表明。「長州藩への処罰は軽減にすべし」で合意。
・十一日、海路にて厳島へ寄港する。
・十二日、風・潮が悪く、空しく停泊。

・十三日、風・潮が悪く、出航叶わず。馬関（下関）まで、単身陸行を願い出るも許可されず。
・十六日、午後に出航。
・十八日、小倉着。上陸。
・二十日、植木着。
・二十二日、再び小倉へ戻る。
・慶応元年元旦、総督より解兵命令が届く。夕刻、解兵命令を知らせるために、戸次退蔵と共に植木へ出立。陣代の立花熊千代へ伝える。その後、ただちに柳河へ向かう。
・一月二日、夕刻に柳河着。藩兵も漸次帰藩する。

かくて、十五万余名を投入した第一次長州征伐戦は、銃砲弾が飛び交うこともなく、呆気なく終了する。

結果的には、山口城の破却と、三条実美ら五卿の太宰府延寿王院への配流という穏便な処分が行われた。ただ、禁門の変の責任者として、三家老の福原越後、益田右衛門介、国司信濃の切腹を命じる。藩主の毛利敬親は伏罪状（罪を認める文書）の提出だけに留まる。いつの世も、ナンバーツーが実刑をくらい、トップは実刑を免れるようである。しかし、この穏便な処置が、長州藩に「雌伏の時」を与え、第二次長州戦を引き起こすこととなる。

祐準の「征長従軍日記」は、メモ書き程度の簡単な内容であるのだが、祐準がいかに行動的な人物であったかが想像できる。彼が中心となって組織した砲兵隊と行動を共にすることはなかったが、十時雪斎の供侍として八面六臂《はちめんろっぴ》の大活躍をしたことを窺い知ることができるのである。

この十時雪斎は、後の維新回天に際して、弟の立花壱岐と共に柳河藩の進退を誤ることなく導いた藩内随一の功労者で、明治新政府の参与に名を連ねることになる。雪斎の知遇を得たことは、その後の祐準の視野が「天下国家」へ向けて、大きく広がる千載一遇の機会となる。すなわち、祐準の人物としての器は、狭い藩内に納まることなく、天下国家の有為の傑物となるに足る「大器」であったのである。祐準と行動を共にした雪斎は、祐準のこの大器の片鱗を見い出していたに違いない。

グラバーとの出会い

慶応元（一八六五）年正月二日に、征長戦から帰還した二十二歳になる祐準は、坂本小路の自宅で暇を持て余していた。

そんなある日の午後、友の笠間廣達が訪れた。

「祐さん、話があるんだが……」

「うん……話とは？」

「実は、エゲレス式の練兵のことなんだ。このままでは、柳河の兵制は時代遅れになってしまうのじゃないかと考え、皆で長崎へ半月ほど行こうと計画している」

「そうだなあ、兄上も配下の弓組を小銃隊に改組したいと進言されたのだが、コチコチ頭の首脳部の癇に障ったのか、今謹慎中なんだよ」

「そうだったのか、祐正さんの謹慎は噂になっているよ。ところで、長崎行きの発起人は十時一郎さんなんだが、曾我の弟も誘おうということになったんだ」

「有り難い、ぜひにも参加させて欲しいよ」

「そうか、ただ、この長崎行きは藩の公式遊学ではないので、旅費は自前だが構わないかい？」

「ああ、何とかなるだろう」

その夜の夕餉の折、祐準は頃合いを見計らって切り出した。

「兄上、実は長崎行きを誘われているのでございます。半月ほど、長崎でエゲレス式兵制を見聞して来ようということになったのでございます」

「そうか、そんな話なら私も行きたいぐらいだ。ただ、私は今は謹慎中の身、残念だ」

その時、民子が頬を緩めながら、

「二人分の旅費は出せませぬが、一人分の旅費なら何とか都合いたしましょう。ねっ、歌子さん、出せるでしょう？」

と家計を切り盛りする嫁の歌子に同意を求めた。

「はい、それぐらいなら何とかなりますが、長崎の遊郭からの請求書なら出せませぬ」

と応えた。

祐正は、飲みかけた茶に咽《む》せてしまった。何か、心当たりでもあったのかもしれない。


かくして、祐準の長崎遊学が実現する。同行者は、十時一郎、笠間廣達、十時信人（壱岐と雪斎の末弟）、案内役は中村祐興であった。

柳河を出立したのは、水温む三月の下旬のことであった。当時は、長崎行きとなると、大川若津港（筑後川河口、花宗川との合流地点）から諫早への定期航路の船を利用するのが常であった。永昌宿で一泊して日見峠を越えれば、そこは異国情緒漂う長崎の町であった。

長崎は、安政五（一八五八）年の五カ国修好通商条約によって、翌六年六月に開港されていた。開港からすでに五年余が経過して、大浦川を挟む東山手と西山手の区画地には洋風の各国領事館や商館、さらに居留者の住宅が建ち並んでいた。

長崎外聞役を務める中村祐興の案内で、一行は大波止に近い五島町の柳河藩蔵屋敷で旅装を解いた。蔵屋敷といっても、薄暗い土蔵ばかりで水質も悪く、長逗留するには不向きな所であった。近くに、筑前・鹿島・諫早の蔵屋敷もあった。

さて、長崎における柳河藩の物産取引は、恵比須町に店を構える長崎屋伊助が一手に取り仕切っていた。長崎屋は、立花壱岐が断行した柳河藩の「安政の財政改革」では、柳河の豪商高椋新太郎と組んで茶葉、和紙、莫蓙《ござ》、白蠟、石炭などを商って、お城の金蔵には二百万両もの蓄財ができたほど、柳河藩に貢献した御用商人であった。

しかし、壱岐が隠居した後の万延・文久・元治の五年間で、その蓄財も残り少なくなっていたのである。慶応四（一八六八）年の戊辰戦争勃発の折、壱岐は再びその出兵のための金策に奔走することになる。

長崎に到着した翌日、祐準たちは、長崎に詳しい中村の仲介で、地侍山本惣次郎の洋式操練の私塾へ入門した。しかし、この山本は生粋の国粋主義者で、高島秋帆の流れを汲む教えは、柳河の十時成四郎の教える洋式操練と似たり寄ったりで、期待していた新鮮さはなかった。それでも、祐準たちは予定の滞在期間が少ないため、毎日昼前にはこの山本の私塾に通い続けた。

ある日の午後、五人は出島や異人館を見物した後、長崎で流行《はやり》の「写真」を撮ることになった。

「写真の代金は、高いのじゃないだろうか」

と笠間が心配すると、年かさの中村が答えた。

「噂によると、無料だそうだ。しかし、写真屋が偏屈者で、有為の志士と認めた場合に限るとか」

五人の若者たちは、互いの身なりを確かめ合うように頷いた。誰言うともなく、

「大丈夫だ！　タダにしてくれるだろうよ」

と中島川に沿って歩き出した。

ほどなく、「中島撮影局」の看板を見つけ、中村が躊躇しながら店内に声を掛けた。

「お頼み申す、お頼み申す……」

すると、下男風の小男が現れ、五人を店内へ招き入れてくれた。

「我ら五名は、筑後柳河藩の外聞役の者でござるが、写真をお願いいたしたい」

という中村の申し出に、

「はい、遠路お疲れでございましょう。しばしお待ちください」

と五人の顔と風体をそれとなく観察して奥へ引き込んだ。

五人は、椅子や台だけが置かれたガランとした奇妙な空間を、浮かぬ顔で所在なく歩き回った。しばらくして、武家風の長身の男と先ほどの小男が奇妙な箱を抱えて出て来た。

「お待たせいたしました。柳河藩の御家中の方々とか。皆様を見込んで、お撮りいたしましょう」

と長身の男が低頭した。小男がその箱を据え付けていた。

この時の祐準のポートレートが残されている。上下とも白の袴と袷《あわせ》、足には高下駄、右手に

はムチ、左手は懐手、腰には無反りの幅広太刀二本、そして総髪という出で立ちで椅子に座して、大きく後ろに反り返るポーズを取っているのである。誠に凛々しい若き日の祐準の写真である。

この独特のポーズから判断して、この写真を撮った写真屋の長身の男は、坂本龍馬ら多くの幕末の志士たちを撮影した上野彦馬ではなかったかと、筆者は想像している。

この慶応元年は、坂本龍馬が寺町通りから見上げる急坂の地に「亀山社中」(近代的な株式会社)を設立する年である。坂本が塾頭を務めていた神戸海軍操練所が閉鎖され、この長崎の地に新たな活動の拠点を求めて、土佐脱藩の五名(後に十九名)の同志と共にやって来ていたのである。

長崎で撮影された，当時22歳の祐準(『伝記叢書42　曾我祐準翁自叙伝』〔大空社〕より)

ただ、祐準は龍馬と出会うことはなかった。というのは、祐準が面会を求めても、どうも居留守を使われて面会が果たせなかったと、自叙伝に記されているからである。

剛胆で知られる龍馬も、刺客の来訪を警戒していたのであろう。

しかし、祐準が亀山社中という近代的な会社組織の噂を耳にしたことは間違いないはずである。二回目の長崎遊学の折、祐準は「柳河版の亀山社中」を立ち上げて、とんでもない借金を背負ってしまうことになる。

結局、この時の五人の長崎遊学は、二十日ほどで切り上げてしまう。それは、手持ちの金子が残り少なくなったこと、それに山本の私塾が期待していた内容でなかったことなどが理由であった。なお、中村祐興は、外聞役として引き続き蔵屋敷に留まった。

帰りの諫早から大川までの定期船の中で、十時一郎が提案した。

「この度の長崎遊学は、決して無駄ではなかったと思う。洋式操練も大事だが、これからはエゲレス語を理解することが不可欠のようだ。お偉方と掛け合って、官費遊学で出直すことにしよう」

他の三人も頷き合った。この時、四人は、幕府が新町（現興善町）に開校していた英・蘭・仏・露・清の語学学校「済美館《さいびかん》」に入学することを夢見ていたのである。帰藩した四人は、官費による長崎再遊学を実現するために、門閥の十時一郎を中心にして藩首脳部と精力的に掛け合った。その結果、家老の十時雪斎の力添えによって、三人分だけの官費支給が実現したのである。ただ、この時の金子は、官費ではなく雪斎自身の懐から出た金であったことが、後に判明する。

ある日、雪斎の屋敷に十時一郎、十時信人、笠間廣達、森一松、岡啓三郎、それに祐準が呼び出された。

「ご一同の長崎遊学の志、誠に頼もしく一郎より聞いておる」

と雪斎がおもむろに口を開いた。

「……」

「儂としては、希望者全員を遊学させたいのだが……」

「……」

「藩財政も逼迫の折から、三名だけに遊学費用を支給いたしたい」

「!……」

「まず、一郎は当主ゆえに外すこととする。祐準と信人は長征の報償として許可いたす。異存はあるまい? 問題はあと一人じゃが……」

六名の若者は、一斉に身を乗り出した。

「すまんが、笠間、森、岡の三名はクジを引いてくれんか? わしも決めかねておるのじゃよ」

三人は互いに顔を見合わせながら頷いた。

「そうか、では」

と雪斎は懐から三本の「こより」を取り出し、三人の前へ突き出した。

結果、笠間が「当たり」を引き当て、長崎遊学の三名が決定したのであった。森と岡の落胆振りは尋常ではなかった。祐準は、信人と同様に雪斎に引き立てられたことを感謝していた。帰り道、十時一郎が、

「祐さん、よかったな。俺の分まで頑張ってこいよ」

と激励してくれた。

かくして、祐準の二度目の長崎遊学が実現するのだが、長崎には思わぬ災難が待ち受けていたのである。この頃の祐準は、有頂天になって、少し傲慢になっていたようである。

その年の五月、曾我祐準、笠間廣達、十時信人の三名は、雨模様の有明海を大川若津港からの定期船で渡り、五島町の柳河藩蔵屋敷に滞留した。

三名は、それぞれ二十両（約百万円）を支給されていた。金がなくなるまで長崎に留まるつもりであったので、節約の意味もあって蔵屋敷を「ねぐら」としたのだが、住み心地は快適とはいえなかった。

三人は、前回の山本塾ではなく、長崎在勤の中村の口利きで、とりあえず西坂町の瓜生三寅《うりゅうみつとら》の私塾と、榎津町（現万屋町で、大川の榎津出身者が形成した町）の柴田昌吉の「英学塾」に入門した。幕臣でないため、幕府の語学学校には入学が叶わなかったのである。

柴田塾には、肥後、久留米そして遠く加賀藩からも塾生が来ていた。三人は、他藩の情勢を聞くことができ、有意義な時を過ごした。祐準にとって、千載一遇の邂逅となったのは、同じ

五島町にあった諫早藩蔵屋敷に滞在していた佐賀藩の遊学生たちとの出会いであった。

その中には、二十七歳の大隈八太郎（後の重信）と三十七歳の副島二郎（後の種臣）がいて、特に副島とは懇意になり「先生」と呼ぶようになった。副島は、自らを「老書生」と称していた。

うだるような夏の日、諫早藩蔵屋敷を訪れた祐準に、副島が珍しく厳しい面持ちで尋ねた。

「曾我君は長州戦へ参戦したそうだが、その後の長州の軍備強化をどう思うかね？」

「はい、先生。どうやら、坂本龍馬の仲介で、犬猿の仲だった薩摩と長州が手を結び、倒幕の戦を仕掛けるのではないかと思いますが……」

「そうだな。私も同じことを心配していたよ。ただ、第二次長州戦となっても、諸藩は前回のようには動かないと思うよ。柳河の鑑寛公の本音もそうだと見ているのだが……」

「はい、柳河に限らず、諸藩は第一次の折、膨大な藩費を消耗していますから、まず動かないでしょう。ところで、佐賀の直正（閑叟）公は相変わらず直大《なおひろ》公の後見役として藩の実権を握っておられるとか？」

「そうなんだ。直正公は慎重なお方だから、これからも中央政局には一切関与なさらんだろう。佐賀では、新旧派閥が対立して大変なんだよ。私は『義祭同盟』に所属して、長崎での諸藩の動きに注目しているがね。これからは、葉隠れの精神より金の力の世の中になるだろうな。坂本さんは亀山社中とかで、ぼろ儲けしているそうだが、うまい方法を考えたもんだ……。どうだい、曾我君もやってみては？」

「商売の資金を借り集めて、人の金で貿易をするんですから、他人の褌《ふんどし》で相撲を取るのと同じですよね」

「その通りだよ」

小者が届けた冷えたスイカに、二人はかぶりついた。湿気の多い海風が生ぬるく、二人の全身には汗が噴き出していた。

この副島は書を能くし、柳河では漢学者として知られていた人物で、明治新政府が再組閣される時、佐賀藩からいち早く参与として名を連ねる。同時期、鍋島直正が議定となる。副島はこの時の組閣で、薩摩・長州・土佐が大勢を占める当初の組閣に食い込み、「薩・長・土・肥」の新たな藩閥を構成するキーパーソンとなるのである。

なお、大隈重信（会計官）と大木喬任《たかとう》（東京府知事）は、後に副島や江藤新平（江戸鎮将府会計局判事、佐賀の乱で斬首）の人脈によって第三次の組閣で入閣する。


さて、この頃、長崎の祐準のもとに、尚友楼での仲間たちが入れ替わり立ち替わり訪れていたが、医師見習いの大城鞴、戸上宗視《そうけん》、クジ漏れした岡啓三郎、それに征長戦で行動を共にした戸次退蔵の顔があった。

この俠気に富む戸次退蔵の来崎が、祐準に不幸をもたらすこととなる。長崎が初めての退蔵を伴って、祐準が大浦の居留地を案内している時、事件が起こったのである。

人力車の脇で、車夫が異人と諍いを起こしていたのである。ひ弱そうな二十歳半ばの異人を甘く見たのか、入れ墨の腕をちらつかせながら、車夫が凄んでいたのである。周りには、人だかりができていた。

「異人さんよう、乗り賃が足りないぜ！　チップ、チップを出しな！」

「オウ、ノウ！　コレガ約束ノオ金ダ」

「異人さんは、誰でもチップという割り増しをくれるんだよ。出しな！」

と車夫は執拗にチップを要求していたのである。

祐準と退蔵は、互いに頷き合い、車夫と異人の間に割って入った。白袴に二本差し、その上、高下駄の志士風の二人の登場に、車夫は一瞬たじろいだものの、

「何だ、何だ、文句でもあるのか？」

と今度は二人に凄み出した。見物の人だかりは息を飲んで一歩下がった。

「異人相手に無茶はいかんよ。車代はもらっているんだから、このへんで引き下がった方がよいと思うが……」

と祐準が車夫を睨み据えた。退蔵が、腰の刀に手を掛けながら一歩踏み出していた。

「役人を呼んでもよいのだが……」

と言いながら、祐準も抜刀の構えで一歩踏み出した。

さすがに、車夫は二人の侍に切られると思ったのか、

「わっー、わかった、わかった！」

とコソコソと引き下がり、人力車を引いて逃げ出した。

車夫と侍の喧嘩を期待していた見物人たちも、呆気ない幕切れに少々ガッカリしながら人だかりの輪を解いて、その場には異人だけが残された。

これが、祐準の運命を大きく変えることになる、イギリス商人トーマス・ブレイク・グラバー（祐準の自叙伝には、ガラバと記されている）との出会いであった。

この時、グラバーは二十七歳の若き実業家として、様々な新規事業を手掛けていた。

一万ドル借金事件

イギリス商人のグラバーと懇意になった祐準と退蔵は、しばしば海岸通りの大浦二番地の「グラバー商会」を訪れるようになる。

グラバーは、商会の土地約百坪を、年間にメキシコ銀貨の三七ドルで賃貸契約を結んでいるということであった。

この時代は、純度九〇パーセント以上のメキシコ銀貨が万国共通の標準通貨となっていたのである。日本での為替レートは、おおよそ一メキシコドルが一分銀貨五枚（一両一分）であっ

たから、三七ドルとは一分銀一八五枚（四十六両）で、現在の約二八〇万円の賃貸料ということになる。

祐準のカタコト英語とグラバーのカタコト日本語で、三人は奇妙な会話を堪能しながら様々な情報交換をした。毎度出される「黒いお茶」（コーヒー）の苦味も、祐準はうまいと感ずるようになっていったが、退蔵はいつも顔をしかめていた。

うだる夏も終わり、長崎港からの風が心地よくなった秋のある日、いつものようにグラバーと会った後、五島町の蔵屋敷へ帰りながら、退蔵が呟いた。

「祐さん、外国へ出掛けたいもんだなあ」

「そうだな、ぜひにも行きたいもんだ。問題は金だが……」

「うん、藩費支給は期待できないし、何とか金を作る方法はないものかなあ」

五島町の蔵屋敷が見え出した時、退蔵が叫んだ。

「祐さん、よい方法があるぞ！　土佐の亀山社中のように商売をすればよい。グラバーから金を借りて長崎屋が商ってくれたら儲かるぞ！　恵比須町の長崎屋に寄っていこう」

二人は、蔵屋敷を素通りして馴染みの長崎屋へ向かった。

夕暮れ前だったこともあって、長崎屋の店先には客の姿もなく、主人の伊助が在宅していた。

「これは、戸次様に曾我様、いつもお世話になっております」

と小太りの伊助が二人を出迎えた。

出されたお茶をガブリと飲んで、退蔵が切り出した。

「実は、長崎屋さんに何か儲かる商売をしてもらいたいのだが、金をいくらぐらい準備したらよかろうか?」

「はい、扱う商品にもよりますが、最低五千両はないと……。で、当てはあるのでございますか?」

「ある。在崎中のエゲレス商人を知っているのだ。グラバーというのだが、そこから出してもらうつもりだ。外国行きの資金稼ぎのために、長崎屋に骨折ってもらいたい」

と祐準が頭を下げた。

「どうぞ、頭をお上げくださいませ。他ならぬ立花様の御家中のお二人のため、資金稼ぎに協力いたしましょう。ただ、異人からの借金が柳河のお偉方の耳に入りますと、面倒なことになりましょうな……」

と伊助の表情が曇った。

祐準と退蔵は、事が意外にも簡単に進行したことで、有頂天になった。

「では、今日はこれにて……。今度は金子を用意してまいるので、よろしく」

と二人は足取りも軽く蔵屋敷へ戻った。

かくして、祐準と退蔵はグラバーからメキシコ銀貨で一万ドル(一万二五〇〇両)の大金を借用し、長崎屋へ商いの資金として渡すことになる。

この一万ドルは、現在の約七億五千万円に相当する大金であったため、長崎屋伊助は柳河の豪商で取引のある高椋新太郎へ、取り扱い商品の相談を兼ねた「成り行きの次第」を書いた手紙を出すのである。あまりの大金に驚いた高椋は、家老の十時雪斎に相談を持ち掛け、祐準と退蔵の借金を藩首脳部が知ることとなる。

十二月のある日、蔵屋敷の祐準と退蔵のもとに、雪斎署名の柳河帰還命令の手紙が届く。帰還した祐準と退蔵には、ただちに蟄居謹慎の処分が命じられた。雪斎の手配と蔵屋敷在勤の中村祐興の骨折りによって、この一万ドルは手付かずのまま無事に、長崎屋からグラバーへ返金されて落着する。

坂本小路の母民子も、祐正・歌子夫婦も、祐準のあまりにも大胆な、しかも「異人から」の借金に、ただただ驚き呆れるばかりであった。

「祐準の肝の何と太かこと！　母は腰を抜かすところでした」

「祐準、お前の気持ちはわかるが、藩法を破ることはならぬぞ！　何か別の方策を思案したらどうだ？」

「祐準様、海外遊学の機会は必ず訪れますよ」

と曾我家の反応は意外にもアッケラカンとしたもので、祐準の借金問題を深刻に受け止めることはなかった。むしろ、祐準の海外遊学を応援するほどであった。

ただ、戸次家では、退蔵の借金問題で、当主が寝込んでしまったとか……。

一件落着して、祐準は再び長崎への遊学を許され、柳河を後にした。退蔵は無念そうに、祐準を大川若津港まで見送りに来てくれた。

「祐さん、俺の浅知恵で迷惑を掛けたな、すまん！　ところで、うちの親父は頭が固くて、金輪際二度と長崎へは行かせてもらえそうにもない。俺の分まで、頑張ってくれ！」

「有り難う。あんたのお陰で、世界の通貨の仕組みも勉強できたし、よい経験になったよ。長崎に戻ったら、また海外遊学の方法を考えてみるつもりだ。俺は諦めないよ！」

祐準の乗った定期船が筑後川を下り、有明海の彼方へ消えるまで、退蔵は見送っていた。師走の寒風が退蔵の頬を刺すようであった。慶応元（一八六五）年も残り数日となっていたのである。

祐準が再び長崎に戻ったのは、師走の二十九日のことであった。早速祐準は、蔵屋敷の中村祐興、恵比須町の長崎屋、そして大浦のグラバーを訪れ、

「未熟者の浅知恵で、大変ご迷惑を掛けました。誠にお詫びの言葉もございませぬ」

と素直に詫びの言葉を述べた。

長崎屋の伊助は、

「海外遊学は男の本懐というもの、機会は必ずや訪れましょう。その折には、力になりましょう」

と言い、他の二人も、祐準をなじることもなく、逆に励ましてくれたのである。

明けて、慶応二年──
柳河藩では、第二次長州征伐の幕命を受けて、家老の小野若狭《わかさ》、矢野采女《うねめ》、中老の十時兵馬が、藩兵と共に豊前の城野村に駐屯し、鞍馬口の常善寺を本陣としていた。大義名分を欠くこの第二次征長戦では、出兵した各藩の戦意は振るわず、幕府へのいわばお義理で出兵していたのである。

この時の九州方面総帥は、老中の小笠原長行《ながみち》であったが、軍備強化を成し遂げていた長州藩の主力「奇兵隊」の善戦によって、幕府軍は苦戦を強いられていた。しかも、将軍家茂の大坂城での薨去《こうきょ》（享年二十一歳）を理由に、小笠原が戦線を離脱する不甲斐なさであった。

この時、十時兵馬は、肥後藩家老の長岡、溝口らと図り、長州兵と戦わぬことを合議して、藩兵を帰還させる。これを見た筑前・久留米・肥前・唐津・島原の諸藩も相次いで陣営を撤収し、帰藩してしまうのである。

結果的に、小倉城は小倉藩自らの手で火を放たれ、消失してしまうのである。この第二次征長戦によって、幕府の威信は完全に失墜するにいたる。

時代の流れは、大政奉還と王政復古を目前にしていたのである。

さて、長崎での祐準の生活であるが……

正月が明けた頃、祐準と笠間廣達は蔵屋敷を引き払い、柴田昌吉の英学塾が間借りしていた榎津町の寺へ転居する。というのは、柴田が幕府の招聘によって東上し、その寺が空き寺となったためである。この時、長崎遊学中の十時信人は、藩命によって江戸の情報収集の任務を帯びて、柴田に同行した。

この十時信人は、壱岐と雪斎の末弟で、家老就任後に立花駿河《するが》と名乗る人物である。維新後の柳河布政所の小参事補に十時一郎、吉田孫一郎、大村務と共に就任する。信人の東上は、雪斎と壱岐の指示によるもので、十時一郎はすでに江戸勤番となっていた。

間借りした榎津町の寺は、住職が途絶えた荒れ放題の廃寺であったが、祐準と笠間にとっては、自由に手足が伸ばせる「ねぐら」となった。

「祐さん、いつか多久の孔子聖廟へ馬で遠乗りに出掛けたことがあったが、覚えているかい?」

「ああ、よく覚えているよ。確か、あの時、一緒に長崎へ行こうと話したな」

「そうだったな。長崎へは来られたが、今度は外国へ行きたいもんだ!」

「ええっ……!」

祐準は、前年に戸次退蔵と海外遊学の資金調達に失敗はしたものの、その望み捨て難く、この頃、笠間には内密に海外遊学の工作をしていたので、一瞬ドキッとしたのである。

「祐さん、何か隠しているだろう?」

と笠間は祐準の表情を窺った。

「参ったな、廣やんには隠し事はできないよ。白状するよ。実は、例のグラバーの仲介で密航しようと準備しているんだ」

「えっ、密航か？」

「そうだ、密航だ。だから、廣やんには迷惑を掛けないように黙っていたんだよ」

「気持ちは有り難いが、水臭いじゃないか！」

「すまん、じゃあ、打ち明けることにするよ。グラバみーが適当なエゲレス船を紹介してくれることになっているが、問題があるんだよ」

「問題とは？」

「正規の渡航となれば、旅券が必要なんだ。最近、ついに幕府の海外留学の許可（慶応二年の四月）が下りたのだが、その認可も個人的なものでは期待できそうにもない。そこで、密航しか方法がないのだが、もし露見すれば柳河藩に迷惑を掛けることになるんだよ」

「なるほど、柳河藩に迷惑が掛からなければいいんだな？」

「何か、妙案はないだろうか……」

二人は、表情を強ばらせて黙り込んでしまった。

当時の記録によると、文久二（一八六二）年から慶応三年までの六年間だけでも、計八十二名の留学生が海を渡っている。しかし、密航者を含めば、この倍近い数の留学生がいたと想像される。

彼ら気鋭の留学生たちは、帰国後、維新動乱を経て、明治政府の吏員などとして文明開化を推進する原動力となるのである。


笠間が叫んだ。

「ある！　祐さん、あるよ。藩に迷惑を掛けない方法があるよ！」

「どうすればよい？」

「藩籍を一時的に抹消するんだよ」

「脱藩か？　脱藩は御法度だぞ」

廣達がニヤリとしながら、

「脱藩ではない。『捨切手』の旅券を申請すればいいんだ！　雪斎様なら出してくれるはずだ」

この「捨切手」は柳河藩ならではのもので、藩の侍が何か不始末をしでかし、藩内残留が認められずに藩外へ出る場合に発行される「便宜的な旅券」であった。事が終わって文字通りに廃棄すれば、藩籍は戻されるという、柳河藩独自の方便である。

二人は、長崎在勤の中村祐興を通して、柳河の十時雪斎の仲介により、次のような捨切手を受領することに成功する。

立花飛騨守領分差除キ此者壹人海軍学校為修業諸方エ罷越度就志願任望者也。

慶応二寅年六月十日　立花伊賀　印

祐準は、この時ほど友の有り難さと先人の知恵を実感したことはなかった。

ただ、これで問題がすべて解決したわけではなかった。二人の船賃はタダとはいっても、幾ばくかの金子の準備が必要であった。雪斎から支給されていた二十両も残り少なくなっていた。

見かねた中村が、

「曾我君、心配するな。私に当てがある」

といって、五十両の金を用立ててくれたのである。外聞役の中村は、平野山炭坑（文久元年から、幕府は利権を握るため長崎代官の管理下に置く）を実質的に管理する家老職の一門である小野隆基《たかもと》からこの五十両を出してもらったのである。

維新後の明治六（一八七三）年に、政府は石炭関連施設の利権をこの小野隆基から一万五千両（約九億円）で買い上げ、その後の明治二十一年の民間払い下げにより「三井三池炭坑」が誕生する。

さらに、前年の祐準と退蔵の「借金事件」以来、グラバーと長崎屋が直接取引をするようになっていたため、グラバーから祐準の密航計画を聞いた長崎屋伊助が、五十両を出してくれた。

こうして、祐準と廣達の渡航費用百両がどうにか準備できたのである。祐準は、柳河で無念の思いをしているであろう戸次退蔵に、「申し訳ない」と詫びの手紙を書いた。

維新後の後日談であるが、祐準はこの百両の金をきちんと返済している。幕末動乱のどさくさで、借金を踏み倒した勤皇の志士や西国諸藩が多くあった中で、祐準がいかに「至誠の人」であったかが納得できる。この祐準の誠実さが、彼の人を引きつける魅力となったのであろう。

渡航決行

慶応二（一八六六）年の九月半ば、祐準のもとに柳河から母民子と兄祐正からの便りが届いた。八月の終わりに、曾我家当主である兄の祐正へ送付していた「海外渡航の決意書」に対する返書であった。

その返書には、二首の和歌だけが記されていたのである。

立いつる　旅ねの衣　うすくとも　はゝか心を　かさねてそやる　民子
とく行きて　とくまたかへれ　返らすも　名をし立つべし　ますら猛雄は　祐正
慶応二年九月吉日
祐準殿

祐準は、ただちに柳河への返書を書き送った。それは、

旅衣　うすくはあらし　たらちねの　母のこころを　かさねきる身は

母上　兄上様　　　　　　　　　　　　　　慶応二年九月三十日

という和歌一首であった。

出航前の様々な不安に苛まれていた祐準は、母と兄からのこの二首の和歌にどれほど勇気付けられたことであろう。柳河も長崎も、朝夕が冷え込む十月（陽暦では十一月）を迎えようとしていた。誠に、母子・兄弟の情愛が滲み出た和歌三首である。

出航の前々日、祐準と廣達は大浦のグラバー商会を訪れた。グラバーは、二人を笑顔で出迎えてくれた。

「イヨイヨ出航デスネ。旅ノゴ無事ヲ祈ッテイマス」

「有り難う。何から何までお世話になりました。私たち二人の他に、肥後の上林三四郎も同行して、明日夕刻に乗船いたします。では……」

と祐準はグラバーに手短かに別れを告げた。

グラバー商会を辞去した二人は、榎津町のねぐらへの帰り道、長崎屋伊助にも出航の挨拶を

するため、恵比須町の長崎屋に立ち寄った。

「長崎屋さん、あなたのお陰で渡航ができるようになりました。本当に有り難う」

「いえいえ、曾我さんとのご縁でグラバーさんとも昵懇にさせて頂き、儲けさせてもらっていますよ。お礼を言うのは、私の方でございます。お二人とも、お気を付けて。あっ、あの五十両は餞別でございますので、お気を使われませんように……」

と伊助は二人の渡航が実現したことを我が事のように喜んでくれた。

明日の乗船を控えた二人は、急いで榎津町のねぐらへ引き揚げ、荷造りをした。荷造りといっても、グラバーが二人に貸してくれたカバンに着替えと矢立（筆入れ）、懐紙を入れるだけであった。

祐準と廣達の約八カ月に及ぶ気儘な中国、シンガポール、インドへの旅を、祐準の自叙伝に従ってまとめておく。

・慶応二年十月二日、蔵屋敷にて中村祐興主催の惜別の宴。夕刻、上海行きの惇信丸に笠間、上林と共に密かに乗船。ただちに船底に潜み、官憲の誰何《すいか》を避ける。
・三日、午の九つ（正午）に出航。中村祐興が艀にて湾口の「ねずみ島」（現在は陸続き）近くまで見送る。風強く、船の揺れ激しくて飲食できず。
・四日、風雨強く飲食を絶つ。

・五日、波浪高く船進まず。夕刻に、パンとお茶を摂る。
・六日、日暮れに陸地を見る。上海の港外に停泊。
・七日、上陸して、グラバー支店の支店長グルムに面会。グルムの手配でオルセン号へ移乗。
・八日、再び上陸して上海の町を見物。グルムの案内で、停泊中のコレア号に乗船する。そこで、長州の伊藤俊輔（後の博文）、さらに宇和島の上田良太郎、加来幸右衛門に面会する。長州と宇和島藩は、グラバー支店の仲介で、艦船・武器弾薬を購入するための商談中であった。

この年の八月、第二次長州戦は長州の圧勝で停戦されていた。同年一月の薩長同盟によって、伊藤らは倒幕の軍備強化に奔走していたのである。

・十一日、明け方に「丸に十字」の旗を掲げた汽船二隻を目撃。この汽船は、伊藤がイギリスから買い上げたもので、薩摩藩船を偽装して伊藤自らが長州へ搬送する途中であった。越前藩士の平井錬次郎がオルセン号を訪れる。箱館にて、柳河藩士の十時三郎と面会した由。夕刻、租界地の旅館へ移動。設備・待遇悪し。
・十三、十四日、風邪にて病臥。
・十五、十六日、やや快復するも床に伏す。

・十七日、ジャーディン・マセソン商会（グラバーは、長崎に来日した当初、このマセソン商会のマッケンジーに雇われた事務員だった）所属のギリンガエール号に移乗。船中に、笠間、上林と余のための一室あり。乗船の折、越前藩士の平井に手紙を託す。この手紙は、曾我家への書簡なり。
・十八日、上海を出航。寒さ厳しく、防寒着もない。黄海を北上する。
・二十五日、渤海を航行して、天津に停泊。上流より、氷塊が流れ来る。寒気増す。
・二十九日、出航。
・十一月二日、上海に停泊。
・三日、副船長のノックから航海測量の教授を受ける。
・五日、上陸。支店長グルムの屋敷を訪問し、土佐の中浜万次郎、松井周助、宇和島の加来、上田らと談笑する。その後、皆と共にエゲレス教会に滞在中の江戸の書生岸田銀次郎（吟香）を訪問。岸田はヘボン宣教師の助手である。

なお、中浜万次郎は、土佐の漁師として十五歳の折に難破遭難。鳥島に漂着したところをアメリカの捕鯨船に救助される。船長のホイットフィールドは、利発な万次郎を連れ帰り、アメリカの正規の教育を受けさせ、航海術、測量術、捕鯨術を修得させる。嘉永四（一八五一）年になって帰国。その後、土佐藩の士分に取り立てられ、安政二（一八五五）年には海軍操練の教授となる。万延元（一八六〇）年の遣米使節団の通訳を務める。晩年には開成学校（東大の前身）の教授となる。

また、岸田吟香は、美作《みまさか》（現岡山県）の出身で、ヘボンの『和英語林集成』編集に協力。後に「東京日日新聞」の記者となる。また、医者でもあったヘボンに医術を学び、目薬「精錡《せいき》水《すい》」を販売し、「訓盲院」を開設する。

・六日、グルムより一〇ドル（十二両二分、七十五万円）を借りる。
・七日、未明に上海を出航し、香港へ向かう。
・九日、亥の四つ（午後十時）頃、香港に停泊。
・十日、香港に上陸。風光明媚で春の陽気。この地は天保十三（一八四二）年に、イギリスがアヘン戦争の結果得た地で、「実に東亜の恥辱なり」。
・十一日、グラバーの商友ランベッタより二〇ドルを借用するが、これは海図・航海尺・航海書を購入するため。この日から、同行の二名は別行動となる。上林はギリンガエル号、笠間はキーウル号、余はキリンアルペン号に乗船して、ミッドル・シップメン（見習）となる。三隻ともジャーディン・マセソン商会の持ち船。グラバーの斡旋である。
・十四日、雨具一式を購入。
・十六日、キーウル号、キリンアルペン号共に香港を出航。

・十八日、安南（現ベトナム）の東方を航行する。
・二十日、シンガポールに停泊し、笠間と上陸。香港同様の自由港なり。
・二十一日、キリンアルペン号出航。笠間のキーウル号は停泊。
・二十二日、ペナンに寄港し、一刻半（三時間）後に出航。
・二十五日、ベンガル湾を航行。この日、初めて船長から借りた測量器の使い方を習う。
・二十六日、経度・緯度を正確に測量する。「喜び云ふべからず」。
・二十九日、ガンジス河下流に到達し、上流へと遡る。濁流で行水・洗濯をする男女を見かける。イギリス式の土民兵の動きは整然であった。
・十二月一日、清国人ボーイ三名と上陸し、市街見物。ベンガル鉄道の駅舎へ行くが、汽車は見物できず。
・十三日、蚊帳を購入するため、ボーイより銀貨二枚を借用。香港で通用した通貨がインドでは通用しなかった。
・十四日、出航。
・二十二日、シンガポールに停泊。上陸後、笠間と再会する。キーウル号の都合で、笠間は空しくこの地に滞在していた由。
・二十三日、出航。
・二十八日、香港に停泊。

明けて慶応三年――
・二日、ギリンガエル号入港し、上林と再会す。
・三日、ランベッタより一〇ドルの借金。
・十二日、ギリンガエル号が長崎へ向かい出航。上林に書状を託す。
・十四日、再びインドへ出航。
・二月十五日、インドの英字新聞によって孝明天皇崩御（慶応二年十二月二十五日）を知る。
・三月一日、香港に戻る。上陸後、上林から、笠間が長崎へ帰還したことを聞く。キーウル号の船長の応対が悪かったためという。
・六日、ランベッタに面会し、帰国の交渉をする。本来の海軍修業の見込みがないと判断してのことであった。
・七日、キリンアルペン号を下船し、米国の船にて上海へ赴く。その後、半月余り、一時帰国するグラバー一行を待つ。この間、岸田と共にメリケン宣教師ヘボンの『英和辞書』作成の助手を務める。グラバー一行には、長州藩士の毛利幾太郎、長谷川範助らが同行。一行と共に、再び香港へ。グラバー一行と別れ、香港の造船所を約一カ月間見学する。

なお、この時のグラバーの商用とは、佐賀鍋島直大《なおひろ》との共同事業としての高島炭坑の近代的開発を準備するためのものであった。まず、香港のジャーディン・マセソン商会からの資金援助、そして母国スコットランドのアバディーンでの採炭用機器の購入と英国人技師の採用に奔走する一時帰国であった。実は他にも、薩摩の五代友厚《ともあつ》、小松帯刀《たてわき》らと南山手下の入り江に小菅修船場（ソロバンドックと呼ばれた）を建設するため、兄チャールズに協力を要請する目的もあったのである。

翌慶応四年五月から、地下四五メートルの縦坑が掘削され、本格的な操業が開始されることとなる。これが高島の島民から「北渓井坑《ほっけいせいこう》」と呼ばれた縦坑である。

五月上旬、祐準は上海へ戻り、上林と共に長崎行きのオランダ船にて帰国。かくて、祐準の八カ月に及ぶ外遊は無事に終了したのだが、本来の目的であった海軍修業はついに実現しなかったのである。

しかし、「天測航海術」（当時の船乗りは海岸伝いの地乗り航海であった）を修得したこと、英会話の習熟、さらに極東の各港や香港の造船所の見聞は、祐準にとって貴重な財産となる。特に、若き日の伊藤博文、中浜万次郎、岸田吟香、そして宣教師へボンとの邂逅は、祐準の視野と人脈をそれまで以上に大きく広げる機会となったのである。

長崎へ帰国した時の心中を、

何一つ学び得たものもなく、此《こ》の儘《まま》おめ〳〵と帰藩し度《たく》もなし、せめては一人前の航海者にでもと決心し、薩摩に入りて見ようと考へた。

と自叙伝に記している。

そうこうしているうち、江戸から帰藩していた十時一郎から手紙が来る。

曾我祐準殿

長崎に帰国されたる由、無事にて何より。この際、一度帰藩された上、捨切手を破棄され藩籍を戻さるべし。

慶応三年五月吉日　　十時一郎

という簡単な内容であったが、祐準は一郎の心遣いが嬉しかった。

榎津町の廃寺のねぐらの後始末やら、蔵屋敷の中村祐興への挨拶やらが済んだ六月上旬になってから、柳河坂本小路の懐かしの我が家へ向かった。笠間廣達はすでに柳河へ戻っていたので、一人旅となった。

小雨模様の有明海や、大川若津港の出立前とどこも変わらぬ佇まいに、祐準の満たされぬ思いは癒された。

五十二歳の母民子も、兄祐正、その妻歌子も益々壮健に暮らしていた。兄の長男である祐義は愛くるしい七歳の稚児に成長していた。

旅装を解いた祐準はただちに、廣達と共に捨切符の破棄を十時雪斎へ申し出て、柳河藩士としての復籍を認められた。

その帰り道、廣達が、

「祐さんは、運良くインドまで航海できてよかったなあ。それに比べ、俺は散々な目に遭ったよ。キーウル号の船長がいい加減な奴で、シンガポールで一カ月も足止めだ。何でも、シンガポールに滞在中の船長の女房が我がままな女で、船長の行動を一々指図していたとか。異人の女は気位が高いそうだ」

と嘆いた。

「そうだったのか。俺の方も、とうとう海軍の修業らしきことは何もできなかったよ。また、出直すつもりでいるが……廣やんも一緒にどうだ？」

と祐準は再度の渡航を誘ったのであるが、

「いやあ、もう懲り懲りだよ。それより、第二次征長戦後の薩摩・長州それに土佐の動きが活発になっているらしいんだ！」

と廣達は外遊よりも国内情勢の成り行きを案じているようであった。

その後、祐準と廣達は、坂本小路に鵬摶館から独立して開設された「大成流集会所」へ通い出す。集会所といっても、要するにあばら屋を利用した鵬摶館の年長組若者の溜まり場であった。

集会所では、水戸風の書物や頼三陽の『日本外史』『日本政記』などを読んだり、議論をしたりと自由な雰囲気であった。ここに集う若者たちの考え方は、すでに攘夷論が廃れて、尊皇倒幕論が支配的になっていた。

たまに、廣達と共に十時一郎宅を訪問しては、三人で時勢論を戦わせるなど、祐準は次なる飛躍の鋭気を養う貴重な日々を過ごした。一方で、「海軍修業」の夢は捨て難く、その工作に奔走している時、聞きつけた中老の十時兵馬の口利きで、「一年半の国内周遊の許可」が下りる。

その行程は、長崎・薩摩・長州・京都を経て、江戸の十時信人が学ぶ柴田昌吉の英学塾へ来年夏まで寄宿し、その後は奥州・箱館を回って年末には帰藩しようというものであった。この祐準が計画した周遊の期間は、大政奉還の上表と王政復古の大号令、そして明治新政府の小御所会議の開催、明けて鳥羽伏見の戦いから未曾有の戊辰戦争が勃発する、まさに驚天動地の一年半に符号する。

このような時代の急旋回が待ち受けていようとは、その時の祐準は知る由もなかった。

慶応三年の八月、満を持して祐準は旅立つ。この時の同行者は、長崎遊学の折のクジで選漏れした岡啓三郎であった。この岡を同行させることは、雪斎の岡への心配りであった。当初、祐準は笠間廣達を誘ったのであるが、

「祐さん、悪いが遠慮するよ。土産話を期待しているよ」

とあっさりと辞退されていたのである。祐準と啓三郎は、まず肥後の沼山津を目指した。

第二部

動乱編

横井小楠と柳河

筑後柳河藩が維新回天に際して、大きな混乱もなく近代的地方自治体へと移行し得たのは、ひとえに開明的藩主鑑寛と、それを支えた立花壱岐の力量に負うところが大であった。

その壱岐を思想的に導いたのが、肥後藩士の横井小楠であったのである。

小楠の生涯は、酒宴における不幸（三十一歳の時、藤田東湖の送別宴での酒失・暴言事件、さらに五十五歳の時、肥後藩士送別宴の折に暴漢の襲撃に遭い、無刀であったため逃走するという士道忘却事件）や、五十三歳の時の禁猟区での発砲事件によって、肥後藩との折り合いが悪く、士籍を剥奪されるほどの不遇な扱いを受けた。

彼は、肥後藩にとっては迷惑なアウトローであったのである。すなわち、小楠は所詮、肥後一国に納まるような小さな人物ではなかったのである。

堤克彦氏の著『西日本人物誌11　横井小楠』（西日本人新聞社、平成十一年）によると、小楠の藩外の人脈には、招聘された越前藩だけでも松平慶永、橋本左内、由利公正ら十数名、朝廷にあっては岩倉具視、三条実美《さねとみ》、幕吏の勝海舟、川路聖謨、長州藩で吉田松陰、桂小五郎、薩摩藩で大久保利通、村田新八、水戸藩で徳川斉昭、藤田東湖、その他にも特筆すべきは明治天皇、徳川慶喜、坂本龍馬や真木和泉らそうそうたる顔ぶれが並ぶ。柳河藩では、池辺藤左衛門、立花壱岐、十時雪斎、十時兵馬、立花但馬らの柳河維新回天の立て役者が名を連ねている。

この人脈を見ても、小楠が幕末の「思想的全国ネットワーク」の中心に存在していたことが理解できるのである。

ここで、柳河と横井小楠との関わりを整理しておく。

天保十四（一八四三）年、三十五歳の小楠が熊本城下の水道町に私塾を開設する。この時の塾生として、徳富一敬《かずたか》（徳富蘇峰と蘆花の父）、矢島源助（小楠後妻ツセの兄）、それに遠く柳河の地から二十五歳の池辺藤左衛門が入門するのである。

ここに、柳河の肥後学（実学）導入の端緒が開かれることとなる。池辺が帰柳する時に詠んだ漢詩に、小楠の実学（堯舜三代の道、後の公共の政）の神髄を窺うことができる。

此の道いまだ聞かず　一躍して求む
助せず長ぜず　自《おのずか》ら悠々たり
即今　鬢髪《びんぱつ》斯《か》くのごとく緑なるも
倏得　同じく白首の頭《こうべ》とならん
功利に流れず禅に流れず

大丈夫の心から聖賢を希《ねが》ふ
終生の堅苦の力を尽くし得て
雲霧を披きて青天を見んと欲す

（前掲『西日本人物誌11　横井小楠』より）

すなわち、「小楠先生の実学は、今まで聞いたことのない素晴らしい求道の道で、これは出世や利益の足しになることはない。どんな苦労にも我慢する力を身に付けたいものだ。やがて、雲や霧が晴れて青天を見たいものだ」と、偽らざる感動を漢詩に託しているのである。

嘉永四（一八五一）年に、四十三歳の小楠は諸国遊歴の旅の帰路、柳河の立花壱岐と初めて会見する。この時、壱岐は二十歳。

小楠に随行していた徳富一義（一敬の弟）は、随行記『東遊日録』に次のように記録している。「池辺は病気のため、池辺亀三郎（藤左衛門の実弟）、浅川鶴之助、井本辰之允が小楠を訪ね、小楠は立花但馬屋敷を訪れる」（八月十八日付）、また、「翌日、舟にて（沖端川を瀬高の本郷まで上る）城下より三里ばかりの野町（現みやま市山川町尾野）の壱岐の別宅を訪れ、小楠と壱岐は意気投合して夜を徹して朝五つ（午前八時）前まで話し込む。壱岐なる人物、人傑なり」（八月十九日付）と。

嘉永六年にも、小楠は長崎からの帰路に柳河へ立ち寄り、壱岐と会談している。

安政四（一八五七）年には、壱岐自らが肥後沼山津の小楠塾舎「四時軒《しじけん》」（四季を愛でる庵の意味）を訪れて、越前松平慶永からの招聘に応えるよう勧めている。下田条約締結の三カ月前のことである。翌安政五年、五十歳の小楠は肥後藩主の細川斉護の許可を得て、越前福井へと旅立つのである。

横井小楠の旧宅，四時軒（熊本市沼山津。熊本市教育委員会提供）。家を増築して私塾とし，多くの門弟を育てた

その後、激動の万延・文久・元治を経て慶応二（一八六六）年になって、池辺藤左衛門が四時軒を訪れているが、それは家茂薨去によって第二次長州征伐が終結した直後のことである。慶応四年（明治元年）、池辺藤左衛門の推挙によって、新政府の「徴士兼参与」に任官した六十歳の小楠であったが、病に伏せることが多くなった。

この年九月、壱岐は岩倉具視へ提出する建白書「第一等論」「第二等論」を携えて、小楠の高倉通り丸太町南の居宅を訪れて、披見・叱正を願うのだが、

「あの気性激しき小楠殿も、寄る年波と病のためか、今は枯れ尾花の如きかな……」

と壱岐に言わしめたほどに、もはや気迫を喪失し

た小楠からは期待した叱正・助言も得られず、三十七歳の壱岐は落胆しながら辞去している。翌明治二年の正月に、太政官から駕籠で寺町通り竹屋町の屋敷へ帰る途中、丸太町路上で六名の暴漢に暗殺される。享年六十一歳であった。

小楠との邂逅

祐準と岡啓三郎の肥後まで約十五里（六〇キロ）の旅は、黒崎・長洲・河内を経由して有明海沿岸を南下する行程であった。支給された金子と池辺藤左衛門からの紹介状も携えた祐準は、初めて踏む肥後の地に心が躍った。

特に急ぐ理由もなく、河内に一泊して、柳河にも聞こえていた「河内の湯」に浸かり、二人は至福の時を過ごした。

翌朝早めに宿を出た二人は、金峰山を迂回する城下までの急勾配の山道で、厳しい残暑のために喘いだ。そこは、まさに深山幽谷の世界であった。宿の主人に教えられていた、宮本武蔵が『五輪の書』を認めたという霊巌洞《れいがんどう》に立ち寄り、二人は中食の握り飯をむさぼり食った。吹き出した汗も引き、山肌を吹き抜ける風が心地よかった。

さて、祐準が訪れた時の藩主は、第十一代細川韶邦《よしくに》（斉護《なりもり》の二男）であった。柳河と肥後は「南関の関」を境とする隣藩ということもあって、遠く立花宗茂と加藤清正の頃から、親藩の関係にあった。

前述のように、越前福井藩を介した姻戚関係もあって、横井小楠は立花壱岐と池辺藤左衛門の推挙により越前福井藩の政治顧問となり、四度目の大役を終えて肥後へ戻っていたのである。

その夜、祐準と啓三郎は、水前寺細川家の「成趣園《じょうじゅえん》」（忠利から三代八十年の歳月を掛けて築庭された回遊庭園）近くの旅籠に宿泊した。そこは、昨年暮れ、池辺藤左衛門が四時軒を訪れた折に投宿した宿でもあった。

祐準は、肥後城下の地図を池辺から渡されていたので、城下東方外れに位置する江津湖を目指して、その宿を難なく探し当てることができた。

祐準は宿へ着くと、世話になった池辺と十時一郎へ手紙を書いた。

かくて、祐準は沼山津の四時軒において、横井小楠に面会を果たす。この時、小楠は五十九歳、祐準は二十四歳であった。小楠は、この年の正月に「国是十二条」を松平慶永へ建言して、四月以降は「公議政体論」の本格的な構想に取り組んでいた。

祐準と啓三郎が通された四時軒の狭い座敷は薄暗く、畳はすり切れ、ふすま、障子も色あせて、所々破れた箇所もそのままに放置されていた。

「曾我様、横井先生は天下に知られた学者で、さぞや裕福な生活をなされておられるとばかり思っていました。この分では、困窮のご様子ですね」

と啓三郎も祐準が感じていたのと同じ感想をもらした。

「そうだな。先生は肥後藩の士籍を剥奪されて、この沼山津の地で逼塞されておられるとか……」

小楠の士籍剥奪と俸禄召し上げは、文久三（一八六三）年十二月のことで、前年の「士道忘却事件」によるものであった。士籍が戻されるのは慶応四（一八六八）年三月のことであるから、小楠は四年四カ月間も無給の身であったことになる。ただ、記録によると、越前福井藩からの送金で生計を立てていたようで、慶応二年には一五〇両（約九百万円）の送金を得ていた。

この頃の四時軒の住人は、小楠と後妻ツセ（門弟矢島源助の妹）、それと十歳の長男時雄、五歳の長女ミヤ（後に柳河藩士海老名弾正の妻となる）の四人家族であった。

時雄も弾正も、後にそれぞれ同志社英学校、同志社大学の総長となる人物である。二人は熊本英学校の学友として親交を結ぶのだが、誠に、柳河と横井家の不思議な「縁」を感じざるを得ない。

ほどなく、長身痩軀の初老の男が座敷へ入って来た。二人は、座布団を外して恭しく低頭した。

「これはこれは、遠路遙々ようお出でくだされた。横井でございます。柳河の壱岐さんと藤左衛門さんには大層世話になり申した。持参された紹介状を読ませてもらっておりましたので、お待たせしたようですな。何なりとお聞きくだされ」

「はっ、私は柳河藩士の曾我祐準と申します。本日は、ご多用の中にお目通りをお許し頂き恐悦至極に存じます。これに控えておりますのは……」

「同じく、柳河藩士の岡啓三郎と申します。どうぞ、お見知りおきください」

と啓三郎も緊張気味に頭を下げた。

「はっはっは！　そのように固くならずともよい。私は酒とざっくばらんが大好きなのでござる。足を崩されよ」

「はっ、恐れ入りまする」

と二人は答えたものの、さすがに足は崩さなかった。

「さあ、どうぞお聞きくだされ」

と小楠に促され、祐準は考えていた質問をおもむろに口にした。

「先生の肥後学では、これからの世の中をどのようにお考えでしょうか？」

「将軍の慶喜公には従来通りの封土と旗本を所有する一大名として残っていただき、徳川氏を認めるのでござる。そして政《まつりごと》を司るため、朝廷の名のもとに議会を組織するのでござる。その議会の議長を務めるのが慶喜公で、このことによって、徳川氏の権威は保たれるものと考えております。なお、各地の諸大名には、これまで同様に藩政を保持させるのでござる。公共の政（公議政体論）は、かくあるべきと考えていますが……」

すかさず祐準が、

「先生のお考えは、幕府を倒そうということではないのですね？」

「その通りです。土佐の坂本龍馬さんと意見が対立したのも、その倒幕についての考え方でした。あれは、一昨年……慶応元年の五月のことでしたが、それ以来、坂本さんとは決別したままですよ」

祐準も啓三郎も、この小楠の予想外の答えにただ頷くだけであった。

祐準は、この時の様子を、

午前から午後晩くまで殆んど一日種々の高論卓説を拝聴して、心肝に銘ずること多く、懦夫も志を立つと云ふ感に撃たれた。

と自叙伝で述懐している。

夕刻、成趣園近くの旅籠に戻った祐準と啓三郎は、早めの夕餉を摂った。いつまでも小楠との邂逅の興奮が醒めやらぬ夜となった。すでに、肥後の地は夜気が冷たい初秋を迎えていた。

翌日、祐準と啓三郎の二人は、白川河口から茂木への通い船に乗り、長崎の蔵屋敷を目指した。というのは、祐準の当初の周遊計画は、長崎で適当な船便を探して薩摩へ行こうというものだったからである。

ところが、期待していた薩摩への船便がなかなか見つからず、祐準たちは十月上旬まで長崎で無駄な時を過ごすことになる。

ちょうどその頃、諫早藩蔵屋敷に京から戻っていた副島二郎と大隈八太郎が滞在していて、

「京都の動きが尋常ではない。我々はひとまず引き揚げて来たのだが、曾我君、近々世の中が大きく動き出すはずだよ。自分の目で、その激震を見て来ることだな！」

と二人が曾我の上京を強く勧めた。

いつまで待っても薩摩への船が調達できずにいた祐準は、即座に上京を決意した。運良く、兵庫へ向かう土佐の夕顔丸が出航直前で、祐準と啓三郎は何とか「甲板客」として乗船許可を得たのである。

この船は、すでに六月に坂本龍馬、後藤象二郎らを大坂へ送り届け、長崎に再び戻っていたのである。世に名高い「船中八策」が策定されたのは、その時のことである。そして、六月二十二日、坂本、後藤、中岡慎太郎は、京都で西郷隆盛、大久保利通らと会見して、土佐藩論を基礎にした「薩土盟約」を結んでいた。

その主要条項は、

一　将軍が政権を朝廷に返上して、諸侯と同列となること。

二　京都に上下議院を置き、日本の法制はすべてここで司ること。

三　兵庫の地で外国の代表と会談して、新しい条約を締結すること。

などで、この段階では、薩摩は土佐とのこの盟約に沿って動いていたのである。

ところが、九月十六日になって、大久保が倒幕挙兵の具体策を協議するため長州へ赴き、木

戸孝允（桂小五郎）、広沢真臣らと「倒幕出兵の盟約」を結ぶ。さらに、長州と芸州が盟約を結び、薩・長・芸による倒幕・挙兵が実行される段取りが整っていたのである。

ついに、十月十二日には、将軍慶喜は土佐藩主の山内豊信（容堂）が「大政奉還の建白書」を提出するや、これを渡りと、二条城に松平容保・定敬以下の老中や在京の幕臣を集めて、政権の奉還を決意したことを告げた。かくて、十四日になって、慶喜は大政奉還の奏請書を高家大沢基寿《もとすみ》に命じて朝廷へ奉呈せしめたのである。

実はこの日、薩摩（十三日付）と長州（十四日付）両藩は「倒幕の密勅」を拝して、芸州・土佐も相呼応して卒兵上京の行動を起こしつつあった。それは、王政復古の大号令が発せられる二カ月前のことで、このような風雲急を告げる時、祐準は啓三郎と共に京を目指したことになる。

祐準が大政奉還の知らせに接したのは、夕顔丸が兵庫港に到着した日のことで、恐らく十六、七日のことであったと推測される。その話をしてくれたのが、乗船していたこの時三十三歳の岩崎弥太郎（海援隊士、三菱の創業者）であった。

この岩崎は、土佐藩開成館貨殖局の出先である「土佐商会」の頭取として、樟脳《しょうのう》、和紙などを商って銃砲弾薬、蒸気船を調達する任務に就いていたのである。

「曾我君、我々は京の土佐藩邸へ行くつもりだが、よかったら途中まで同道しても構わないよ」

と笑顔の岩崎が誘ってくれた。祐準は岩崎の好意を素直に受けることにした。

兵庫から大坂までは早船に、大坂から伏見までは川船に乗せてもらい、伏見で岩崎一行と別れ、柳河藩が藩邸として利用していた京の中立売《なかだちうり》西洞院の富士谷家を目指した。

大坂で川船に乗り込んで来た土佐の土井某が岩崎へヒソヒソと報告する京の情勢を漏れ聞くことができ、祐準と啓三郎は、

（これは、大変なことになったぞ！）

と緊張の顔を見合わせた。

京に滞在中、祐準と啓三郎が最初に訪れたのは薩摩の吉井幸輔（友実《ともざね》、山科兵部とも名乗る）であった。三十九歳の吉井は薩摩の屯所となっていた相国寺に詰めていたが、薩摩の動きを包み隠さず祐準に語ってくれたのである。吉井と祐準は第一次長州戦での顔見知りであったことによる。

この吉井は、維新後の新政府で徴子、参与、軍務官判事を歴任し、その後は「日本鉄道」の社長、宮内次官、枢密顧問官となる人物で、祐準を終生引き立ててくれる。二人は、その後も度々相国寺の吉井を訪れた。

ある日、吉井が、

「曾我さん、大坂から薩摩へ向かう汽船が近々出航の予定だが、柳河へ戻らなくてもよいのか？」

と二人の身を案じたのか、出船の情報を教えてくれた。

「有り難う。私はまだしばらく残るつもりですが、岡君はどうするね？」

と祐準は以前から気にしていた年少の岡の顔を窺った。

「そうですね……曾我様の足手まといになっているようですから、帰藩させてください。それに手持ちの金子が残り少なく不安なんです」

「そうか、お身内も心配されておられるだろうしな。吉井さん、この岡君を乗せてやってもらえましょうか？」

「それは構わないが、曾我さんも早く帰藩した方がよいぞ。京での薩長芸と幕府の衝突は必至だからな。巻き添えをくわないことだ！」

「何から何まで世話になりました。本当に有り難うございます」

と祐準は吉井の手を取り低頭した。

　実は祐準は、啓三郎のことが長崎以来、重荷になっていた。これ以上、命の危険もあり得る京の地で行動を共にすることはできないと考えていたのである。

　こうした緊迫下の十一月十五日、四条河原町の近江屋において、坂本龍馬（三十三歳）と中岡慎太郎（三十歳）が刺客に不意をつかれ横死するのである。下手人は京都見廻組の佐々木唯三郎と今井信郎らであった。

　啓三郎を帰柳させ、身軽になった祐準が近江屋を訪れたのは、ちょうどその翌日のことであった。

長崎で、坂本に面会を果たせなかった祐準は、今度こそ坂本との邂逅を期待したのだが、

「坂本さんは、怪我をされて面会できません」

とあっさり断られたのである。

やむなく、土佐藩邸の福岡孝弟《たかちか》に面会を求めたが、不在とのことであった。釈然としない祐準が、「坂本龍馬暗殺さる」の確報を得たのは、その日の夕刻のことであった。

その後、祐準は二条城近くの西周《あまね》（津和野藩士で後に開成所教授）との面会や、薩摩の吉井幸輔からの情報によって、時勢の緊迫化と、開戦が避け難い事態になっていることを知る。

慶応三年の師走を迎えようとするある日、柳河から家老の十時雪斎が上京して来る。随行者は、池辺亀三郎、筑紫直衛、武島謙三郎、野間操であった。また、江戸遊学の十時信人も入京し、間借りの柳河藩邸は賑やかになったのだが、参集した一同は政変の成り行きに緊迫の日々を送った。

王政復古と戊辰戦争

慶応三（一八六七）年十二月八日の午後から始まった京都御所での朝議は、九日の早朝によようやく終了した。

この朝議によって、それまで幕府が容易に決定し得なかった「長州藩の処分」を解決したのであった。その中身は、「三条実美ら五卿及び長州藩主毛利敬親・元徳親子、末家の毛利元周《もとかね》・元蕃《もとみつ》・元純《もとずみ》の官位を復旧し、入京を許す」というものであった。

そして、同日、王政復古の大号令が下された。すなわち、「徳川慶喜の政権奉還と将軍職の辞任を認め、従来の摂政関白、幕府、所司代などを廃し、総裁・議定《ぎじょう》・参与の三職を置いて、公武の別なく至当の公義を尽くし国威を挽回する」というものであった。

この時、小藩柳河の家老十時雪斎が参与に任官されたが、越前松平慶永の推挙があったものと想像される。その想像の根拠は、肥後藩士横井小楠（慶応四年四月に参与兼徴士任官）の肥後学（公共の政）をもって両藩の上層部が思想的に強く結ばれていたことによる。

岩倉具視を始め、西郷隆盛、大久保利通、後藤象二郎など、他の参与の顔ぶれを見ても、大藩出身の、しかも当代一流の傑物ばかりで、柳河藩の雪斎の人事がいかに異例であったかがわかる。

なお、翌年一月までに、議定に公家四名と旧大名六名が、参与に公家九名、薩摩五名、長州四名、肥後一名、岡山一名、宇和島一名が追加され七十三名となる。

その日、すなわち十二月九日の午後、天皇臨席のもとで三職による新政府初閣議、世に言う「小御所会議」が開催された。徳川慶喜の処遇について意見が真っ二つに分かれたまま会議は深夜まで続くが、ついに慶喜に辞官納地を命ずることを議決するにいたる。

これに反発した旧幕府方は、十二月二十四日、江戸の薩摩藩邸と佐土原藩（日向の島津支藩）邸を囲み、砲門を開いて焼き払った。藩邸内の浪士一五〇名は、これに応戦した後品川へ脱出し、翔凰丸（英国から買い入れ）で京坂方面へと逃れる。旧幕府方は開陽丸（オランダから買い入れの装甲艦）、朝陽丸（オランダから買い入れ）、回天丸（プロシアから買い入れ）で追尾・砲撃するも、これを逃した。

ここに戊辰戦争の緒戦ともいうべき焼き討ち事件と海戦が勃発したのであった。

かくして、慶応三年が暮れて慶応四年（一世一元の明治元年は九月八日から）の正月を迎えることとなる。

正月三日、鳥羽伏見の戦いが勃発し、七日には慶喜追討の大令が発せられるに及ぶ。

その頃、柳河では――

正月の十一日、柳河十二代藩主の立花鑑寛は朝廷より出陣の沙汰を拝受していた。

その内容は、「各藩は、藩相応の人数を引きまとめ急ぎ上京せよ。危急の節であるので速やかに上京すべきはもちろんであるが、路程の遠近もあるので、およそのところを在京の重役あるいは留守居の者より申し出よ。その上で改めて御沙汰があるであろう。また藩主が所労などで上京ができぬ時は、名代か家老を差し出すようにせよ」という出兵督促の朝命であった。

十五日、鑑寛は、在京の参与である十時雪斎から「大成流の兵を率いて、急ぎ上京されたし」の書簡を受け取るが、鑑寛は病気中であったため、家老の由布安芸が侍隊（五番隊）、足軽隊二隊（一五〇名程度か）を率いて出陣した。

この時、明治天皇が大坂にあったため、柳河隊は天保山台場の警備を命じられた。

当時の柳河藩の軍制は、二代藩主の忠茂治世の慶安年間に制定されたものを、そのまま踏襲していた。

藩士（侍）三百人で編成された一番隊から六番隊の侍隊と、その他軽輩八十余名の侍隊が主戦力であった。さらに、四二五名の足軽隊（旗組、長柄組、鉄砲組、弓組、抱え筒組）があった。また、別動隊としての山筒隊（狩人隊）三百名と、水軍の風斗《ふとう》組一二三名（藩船十九）と吉村組八十六名（藩船十七）があり、平時には農耕、狩猟や漁業、回船業務を許されていた。従って、この頃の柳河藩の臨戦態勢時での戦力はおよそ千三百余名という程度であった。

侍隊の隊長は組頭と呼ばれ、各組頭を補佐する番頭が付けられた。各組の組頭、番頭は以下の通りであった。

一番隊　組頭　立花壱岐　　番頭　立花参太夫、立花右馬助
二番隊　組頭　十時雪斎　　番頭　石川造酒丞、町野安馬
三番隊　組頭　矢島隼人　　番頭　矢島助兵衛、小田部作馬
四番隊　組頭　小野勘解由　番頭　立花権四郎、十時弥兵衛

五番隊　組頭　由布安芸　　番頭　堀六右衛門、十時半左衛門
六番隊　組頭　十時兵庫　　番頭　木付十郎兵衛、戸次数馬
また足軽の軽輩隊も編成され、当時は十時兵馬（実力主義で登用の中老）が総隊長で、鉄砲組、弓組などごとの隊長を物頭といい、侍が任ぜられた。
さらに、別動隊の山筒隊長には五條氏が、風斗組隊長には風斗氏が、吉村組隊長には吉村氏が代々任ぜられていた。なお、両船団合同の折には、風斗氏が采配を振るい、船団の船頭は士分級の世襲であった。

慶応四年二月五日、辰の五つ（午前八時）――

柳河城の大広間に、前日の藩主鑑寛の登城命令によって、侍一統四百余名が裃の威儀を正して参集していた。赤く燃える炭火の火鉢が置いてあるものの、底冷えの厳しい日であった。

この時三十九歳の鑑寛は、正月以来体調を崩して病の床に伏せっていたが、侍一統の総登城ということで、無理をしての出座であった。

大坂警備のために出陣した由布安芸と新政府参与として在京の十時雪歳以外の藩首脳部が居並ぶ中、療養中にもかかわらず急遽復帰した上席家老の立花壱岐が、

「ご一同、大儀でござる。本日の総登城は本藩の軍制改革の儀でござる」

とおもむろに長い顔の口を開いた。

一瞬、下座の辺りがどよめいた。しかし、藩首脳部の面々にあっては、口を一文字に引き結び微動だにもしなかった。鑑寛のいつもは穏やかな表情も、やや緊張に強ばっているようであった。

「昨年十月の前将軍慶喜公の大政奉還、そして十二月の王政復古と続き、天下は風雲急を告げる事態となり、ついに正月には鳥羽伏見にて政府軍と旧幕府軍が激突するにいたり申した。今後、戦線が拡大するは必至。我が殿様におかれては、先月十一日に出兵督促の朝命を拝し奉るにいたったのでござる。とりあえず、今は由布殿の五番隊が大坂に在陣中であることはご承知の通りでござる」

ここで、壱岐は黙して唇を湿した。一同は固唾を呑んで次の言葉を待った。

「あれは確か四年前の元治元（一八六四）年、隣藩真木和泉殿と共に久保田治臣らのごとき脱藩者が『禁門の変』にて犬死にし、よもやと思うており申していたところ、この度はまた広田神社の宮司広田彦麿の脱藩者を出し、遺憾でござる。気持ちはわからぬではないが、くれぐれも軽挙妄動だけはお慎み願いたい」

と壱岐は言葉を切った。

数名の風邪を引いている藩士の咳に誘われて、壱岐の口が白い息と共に総登城の本題を切り出した。

「さて、慶応二年の長州征伐の戦では、十時兵馬殿の巧みな工作により我が藩には実害がござらなんだが、長州藩の西洋式兵制で組織された奇兵隊の戦上手には目を見張るものがござったと聞く。さらにまた、正月の鳥羽伏見では三倍の兵力を持つ幕府軍が新式銃砲の前にわずか二日で敗退する始末。近々、大総督有栖川宮熾仁《たるひと》親王指揮の官軍として奥羽諸藩征伐への出陣も必至となり申したので、我が柳河藩も奥羽戦に備えての軍制改革を断行するに相成り申した」

一同は、身を乗り出すように壱岐の口元を見つめていた。

「では、殿様の御上意をお伝え申す。

一つ、これまでの旧軍制を全廃し、新軍制を編成すること。

二つ、各位の武道師範の自家道場を全廃すること。

三つ、藩校伝習館を一時閉鎖すること。

なお、新軍制の編成でござるが、侍隊を英隊、断隊、果隊、行隊の四隊とし、長男、二男、三男らを問わず十七歳から四十歳までの壮健者で編成すること。また、従来の足軽隊を軽卒隊と呼び、変隊、発隊、応隊、機隊の四隊で編成すること。言うまでもないことでござるが、侍隊も軽卒隊も全員が洋式銃隊とすること。本日は、英隊と変隊の人事をお知らせ申す。

英隊総隊長　　立花備中（壱岐の長男、十七歳）

英隊参謀兼小荷駄隊長　　十時一郎

英隊軍監　　立花平左衛門、桜井杢左衛門《もくざえもん》

英隊一番隊長　　　　立花参太夫　他四十七名
英隊二番隊長　　　　石川重郎　他五十三名
英隊大砲隊長　　　　蜂谷一学《いちがく》　他二十二名
変隊長　　　　　　　曾我司　他五十名（司は、祐準の兄祐正の通称）

以上の一八〇名は、早速明日早朝より教練師範の十時成四郎殿の差配で実射訓練に励んでもらうことになっており申す。子細は各隊長よりの指示に従われよ」

ここにいたって、大広間は寂としてしわぶき一つ聞こえなかった。選ばれた者たちの胸には名誉と死が去来して、彼らの表情は複雑であった。総登城での軍制改革が紛糾することもなく、およそ一刻（二時間）で終了したのは、前日までの壱岐による根回しがなされていたためであった。

藩士たちは、各隊ごとの明日からの射撃訓練の打ち合わせも終わり、寒さに震えながらそれぞれの居宅へ向かって足を早めていた。この日以来、家老の立花壱岐は、改革に対して批判的な者たちから付け狙われ、身の危険を感じるようになったという。

この時、藩校伝習館は閉鎖されたが、翌明治二年になると、鑑寛は文武両道の復興のために「文武館」（明治四年閉鎖）を建設している（現福岡県立伝習館高校敷地）。閉鎖された藩校伝習館（旧消防署敷地）に比較しても、この文武館の規模は広大であったという。運営は、藩城中の「布政所《ふせいしょ》」の十時信人、立花参太夫、蜂谷一学らが担当した。

武道振興のために、一等教導として渡辺幸嗣《こうじ》（景流居合）、由布宗山（家川念流）、岡田泡水（八条流馬術）を、二等教導として大石進（二代目の種昌で壱岐の付け人、父の進は種次）ら七名を、引立（助手）として安東裁菴《さいあん》（安東家の七代目儒官）ら五名を任命した。

また、文教振興のために、横地玄蕃助、志賀喬木《きょうぼく》、牧園兜嶺《とうれい》を教授に任命し、従来の漢学の他に算学（宮本自得《じとく》、内田茂登助《もとすけ》、十時豊）、蘭学（片田哲）、英語（長野右門）を開設した。

藩兵の射撃訓練が行われた鋤崎土居（柳川市隅町）。中央の建物は柳川古文書館

総登城の翌日から、英隊と変隊一五三名が三柱神社境内に集められて、十時成四郎の指揮のもとに洋式操練が開始された。また、大砲隊二十三名の訓練は鵬摶館で行われた。

準備されていた銃は、旧式火縄銃や石英火打石式銃ではなく、洋式火無銃（雷管式ゲベール銃で、点火薬を入れた雷管を撃鉄で打つ方式）とプロシアの元込銃が準備されていた。

「整列」「進め」「止まれ」の銃隊行進から「折

敷（膝立ち）」「伏せ」「狙え」「撃て」の小銃操作が一通り終了すると、鋤崎《すきざき》土居（現柳川古文書館前の土手）での実弾射撃も行われた。

千別丸の船出

英隊・変隊による実弾射撃訓練の二日目が鋤崎土居で行われた二月七日の夜、壱岐の屋敷に腹心の藩首脳三名が集められていた。その顔ぶれは、家老の立花左京と十時兵馬、他に用人（侍従長）の立花但馬であった。

「余の儀ではござらぬが、薩摩の使者の応接についてでござる」

と壱岐がおもむろに口を開いた。

前日の夕刻、薩摩の島津久光の使者として、蓑田傳兵衛と肥後直次郎の両名が来柳しており、吉田孫一郎が応対してその来意を尋ねていた。

「吉田の話では、鑑寛公に内密に申し上げたきことがあり、書状を持参している由でござる」

「……」

「二人の使者は、御使者屋敷（京町にあったが、後に戸上重較《しげくら》を校長とする西洋医学校の校舎となる）に待機させているのでござるが、火急の使いと申しておるゆえ、明日にでも殿様への引見を予定しておりますが、如何？」

「殿様は、五日の総登城以来、また御不興のご様子で寝込まれておられまするが……」

と用人の但馬が答えた。

「これ以上、使者を待たせるわけにはまいらぬゆえ、殿様の引見が不可となれば、左京殿の陪席で、但馬殿に会見の役目をお引き受け願いたい」

「……」

「ご異存がなくば、明日の四つ（午前十時）に城中書院の間にて」

と壱岐は座を立った。

実は、その夜、屋敷の離れ小部屋に今一人の客が待たせてあった。三人の客が帰ると、壱岐はその小部屋へと急いだ。

「高椋さん、お待たせいたしした。すぐに終わる用事であったが、手間取り申した」

「いえいえ、それより用向きはうまくいかれましたか？　本日はお招きを賜り有り難う存じます」

と見るからに商人風の恰幅の良い男が低頭した。

この男が、幕末の柳河藩を財政的に支えた柳河随一の豪商高椋新太郎であった。「安政の大改革」が成功したのも、この商人の商才に負うところが大きかったのである。

「早速でござるが、また借金の話でござる。わしが隠居しておりました間に、あの改革で蓄財しました二百万両も底をつく始末、しかもご承知のごとく我が藩は倒幕の勅書を賜り、何かと物入りでござる」

「そろそろ、私の出番かと心得ておりました……」

高椋は、頬を緩めて頷いた。

「いつもながら、お察しがよいこと。ずばり、三万両をしばしお貸し頂きたい」

「はい、他ならぬ壱岐様のご依頼、断るわけもありませんが、私も商人、何の入り用かお聞かせ頂けませんでしょうか？」

「うむ、そなたが仲介してくれたあの千別丸《ちわけまる》の代金じゃよ。金蔵に余財がまだあるとばかり思っておったが、残り少なく心許ない。しかも、今後の出兵のために、武器、弾薬、食い扶持と大枚の金が必要となりましたのじゃ。いかがかな？」

「あいわかりました。ご用立ていたしましょう。ただし、私も商人でございますので、利息を頂きたく存じます」

「そうか！　有り難い。千別丸はほどなく回漕されて来る手筈になっておるが、支払いの目途が立たず、ほとほと案じておったが、高椋さんのお陰でどうにかこの難局を乗り越えられそうだ！　礼を申す」

「何の何の、私の今日がありますのも、壱岐様さらに立花様のお陰でございます。恩返しのつもりでご用立ていたすのでございます」

この夜の二つの会談がどちらもうまく運び、一安心した壱岐であった。

話は遡るが、師走十二月九日の王政復古の大号令が、大坂館（中の島屋敷）勤番の宮川登三郎らの早馬と兵庫からの筑前藩の蒸気船乗り継ぎで柳河へ伝えられたのは、二十三日夕刻のことであった。

ただちに、藩首脳が鑑寛の御前に召集され、藩としての対応を協議し、散会したのは九つ半（午前一時）のことであった。この時、立花壱岐は「髑髏《どくろ》」と号して隠居の身であったが、事態の急転を黙視するに忍びず、私見をまとめ鑑寛へ提出している。その主な内容は「此度の変革にあたり、薩摩へ力を合わせ候に、一国を挙げて尽力すべき事。しかるに、一国石高相応の兵備を整えるべき事」というものであった。

二十五日、再び評議が開かれるも藩論決定にはいたらなかった。こうして、柳河も慶応四年の正月を迎えた。

十二日、隣藩の情報収集のため佐賀へ赴いた宮川登三郎の報告で、藩首脳は正月の鳥羽伏見の戦勃発を察知し、その真偽を確かめるべく宮川をただちに筑前へと派遣する。宮川はイギリス人が筑前へもたらした情報から、京洛での朝幕の戦争で旧幕府軍が惨敗するも決着がつかなかったことを知り、帰藩後復命した。

十六日、その真相をただすため、筑紫直衛が肥後細川藩へ、戸次伊織が久留米有馬藩へと派遣され、十七日と十八日に藩侯の上京期日や出兵人数が協議されるも、議論百出し何らの結論に達し得なかったのである。

二十日になって、安芸組五番隊の東上が決し、その辞令が交付されたのであった。かくて、二十六日の安芸組の出陣となったのである。筑前黒田藩では、二十五日に先発部隊を派遣していた。

当初、鑑寛は、病身の壱岐を再登用するつもりではなかったが、この困難な時局を乗り切る人材は壱岐をおいて他にないと考えるようになり、ついに二十七日になって壱岐を召し出したのである。

二十八日、壱岐は意見書を呈し言上。

二十九日、腹心の立花但馬、十時兵馬と共に時局の対応策を練り言上し、鑑寛の決裁を得る。

二月二日、池辺藤左衛門と十時一郎を薩摩へ、四日に十時兵馬を肥後へ、筑紫直衛と堀謙蔵を長州への使者として派遣し、柳河藩の姿勢と軍制改革の骨子を伝えたのである。

六日の薩摩の使者の来柳は、二日の池辺らの薩摩派遣と入れ違いであったようである。

結局、八日に予定された薩摩藩士の引見は、鑑寛の病気のために実現せず、但馬が会見した。

二人の使者から受け取った久光からの書状の中身は、両藩の親睦を旨とするものであったが、使者が久光の言を伝えるに、

「第一、王政復古において、何らの事をもって勤王の要となさるのか。

第二、貴藩の改革はすでに行われているのか否か、このことを聞かせてもらいたい。

第三、当藩の王政復古の趣意書を差し上げるので、縁藩のよしみにて受領願いたい」

という、柳河藩の今後の動向を探る内容であった。

壱岐はこの使者に対して、去る二日に池辺へ託したのと同じ内容の、「幕府の因習を排除し、皇基を開き、国体を保持するために、万国と並び天下と共に奉安す。独り自藩を改革し、傍観するが如きは我が藩の美徳とせず」と記された書状を使者へ手渡した。

すなわち、この頃の九州諸藩は疑心暗鬼の様相を呈し、使いの藩士たちは右往左往して各藩の動向の情報収集に奔走していたのである。無理からぬことか……。

ちなみに、筑前黒田藩では、佐賀の鍋島直正と共に「蘭癖大名」と呼ばれていた黒田長溥の見識の狭さから、太宰府の五卿の応接掛に任命していた逸材の月形洗蔵を些細な理由（天拝山遊歩の許可）で処刑して、王政復古のうねりに取り残されようとしていた。

二月十日の早朝、五番隊安芸組の残りが柳河を発つ。

この日の午後、壱岐は鋤崎土居の射撃訓練の様子を視察し、口元を緩めた。訓練の成果が確実に上がっていたのである。しかも夕刻、肥後へ派遣していた十時兵馬が、蒸気船千別丸を肥後の白川河口で受け取り、大川の若津港へ回漕して来たのである。

「中古船ながら、傷みの改装、艤装も申し分がなく、機関部の調子も上々でございます」

という兵馬の話で、壱岐の口元はさらに緩んだ。

「ご苦労であった。よい買い物をしたようだな。後は、高椋の親爺さんからの借金を何とかせねばならんが……」

「はっ、借金返済はご家老の得意技でござりましょう。私は、操船の乗組員を手配いたしたく存じます。風斗組にうってつけの顔見知りの者がおります。なお、艦長は十時一郎が適任かと……他に、在京の曾我祐準もおりまする」

「うむ。ところで、船の乗船定員はいかほどか?」

「船主のエゲレス人（グラバーだと推測される）によりますと、一五〇名ほどだとか」

「それで上々！　切れ者のそなたがおるので、病身のわしも安心じゃ。一時はどうなるかと夜もおちおち眠れなんだが、すべてうまく行ったわ。今宵は、あり合わせの肴だが、酒でも飲もうか」

「はっ、有り難きお言葉。頂戴仕ります」

翌十一日、壱岐は十時兵馬の先導で、この千別丸を視察するために、大川若津港へ出掛けた。壱岐の長男備中（幼名は熊千代）も同行していた。

若津港近くの土手沿いは、珍しい蒸気船を一目見ようと訪れた多くの領民たちで溢れていた。早速、二隻の艀に分乗して一行は千別丸へと移乗した。およそ四五九トンで、全長五六メートル、幅七メートルの三本マスト帆装の木造外輪船（一八六七年進水の英国製コチット号）であった。両舷側にはそれぞれ三門の大砲を備え、新しく塗られた塗料の臭気が鼻につく以外は、申し分のない新造船並の艤装が施されていた。風斗組の水主《かこ》から選ばれた十数名の若い乗組員

たちが、十時成四郎から操船訓練を受けていた。壱岐の表情は晴れやかで、満足そうに、

「熊千代、船出が近いが、頼むぞ！」

とまだ年若い息子を激励した。

「はっ、父上お任せください。お役目、十分に果たす所存でございます。どうぞ、ご安心を」

「うむっ」

と壱岐は不安を隠しながら答えた。

二月二十日の正午、壱岐は午前中の首脳衆議の三件を鑑寛へ上奏し、ただちに藩内へ布告したのである。その三件とは、次のものであった。
一　柳河藩の藩意が尊皇倒幕であることを朝廷に伝える件。
一　鑑寛公の御不興につき、上京猶予の願いを朝廷に伝える件。
　使者は池辺藤左衛門と十時一郎（英隊参謀兼千別丸艦長）であること。
一　英隊及び変隊の半数の派兵を二月二十八日とする件。
二月五日の軍制改革断行、翌日からの訓練、十日の千別丸の到着、さらに藩内首脳部の意思統一を図って、わずか半月で臨戦態勢を整えたのである。それは、千別丸船出の八日前のことであった。立花壱岐が柳河藩随一の傑物たる所以である。

二十五日には、藩主名代として嫡男鑑良《あきよし》（早世のため十三代世子は二男の寛治）が、初めての洋装で銃隊の操練を視察し、高畠「省耕園《しょうこうえん》」（現三柱神社社務所）において将兵一同に対し

現在は三柱神社社務所となっている省耕園（柳川市三橋町）。幕末には藩の接待所として使用された

て酒肴を振る舞い武運を鼓舞した。

二十六日、江戸下谷の上屋敷詰めであった幸丸勘助が京都を経由して帰藩し、江戸と京の様子をつぶさに報告、鑑寛の上京が必至であることを説いた。

その日、千別丸の船出——

総大将の立花備中以下の英隊、変隊、大砲隊の過半数一五〇名が、新調の軍装も凛々しく柳河城中の大広間に集結したのは、未の八つ（午後二時）のことであった。

備中、軍監（目付）の立花平左衛門と桜井杢左衛門、一番隊長の立花参太夫、二番隊長の石川重郎、大砲隊長の蜂谷一学、変隊長の曾我司は、鑑良の手ずからの盃を受けた。また、隊員一同も酒肴を賜り、壱岐の薫陶を聞いた。

「藩祖宗茂公のご加護を賜り、必勝は間違いなし！　ご一統のご武運を祈る」

と甲高い声であったが力強く述べ、壱岐の顔は紅潮していた。

その後、三隊長の参太夫、重郎、一学は病中の藩主鑑寛を別宅の花畠（現「御花」）にお見舞いして、出陣の挨拶を言上した。

一同が勢揃いして、軍楽隊を先頭に大手門から大川若津港へ発ったのは、申の七つ（午後四時）を過ぎた頃であった。

千別丸が船出した若津港（大川市）。筑後川下流の海運拠点として栄え，九州有数の港として知られていた

「ジャンガプップ、ジャンガプップ」の甲高い行進曲に誘われて、沿道は領民や見送りの家族で黒山の人だかりであった。一行が若津港に到着したのは、夕闇迫る暮れ六つ（午後六時）前のことであった。ただちに艀に分乗し、三角波の立つ沖に停泊する千別丸へ移乗した。出航は翌朝の七つ半（午前五時）と決められていた。

船着き場には、見送りの藩首脳の姿があった。壱岐の顔もあった。最後に、朝廷への使者である池辺藤左衛門と十時一郎が乗船して、見送り一同は名残惜しげに解散して行った。

翌朝七つ半、床下の機関が始動する音に乗組員たちの浅い眠りが破られた。

「いよいよ出発だ！」

「柳河ともしばしのお別れだ！」

と誰かが叫んだ。

しばらくして船の揺れが収まり、船足が速まっていた。冷気は厳しさを増すばかりであった。船は快調に進み、島原半島の雲仙岳が眼前に迫る頃、夜は明け切っていた。口之津と天草上島の鬼池に挟まれた早崎瀬戸を抜け出し、船は帆走に変わり、機関が停止した。外洋の天草灘の白波は大きくうねり、船に慣れぬ藩兵の多くは船倉に横たわっていた。

野母崎を回り込み、端島、高島、伊王島に沿って長崎の湾口へ達したのは、九つ（正午）前のことであった。やがて、船は高鉾島近くに投錨した。隊員たちは上陸を期待していたが許されず、船内で所在なく過ごすより仕方がなかった。翌三月一日に出航して、平戸港へ向かうことになっていた。

翌朝、長崎を後にした千別丸は、池島、松島、大島、高島、九十九島沿いに北上して平戸港へ昼前に入港したのだが、北西の烈風が次第に吹き荒れるようになっていた。烈風は収まらず、やむなく、同港に三日間も停泊した。隊員の誰もが、慣れぬ船旅で疲れ切っていた。

四日に出航はしたものの、玄界灘の風雨は激しく波浪はうねり、馬関（下関）海峡へどうにかたどり着いたのは夕刻になってからであった。投錨はしたものの、千別丸は錨を引いて強風に流され、やっと巌流島近くで停船した。

操船の水主も隊員も、船酔いが激しく人事不省に陥る者が出た。

翌五日は強風も収まり、千別丸は早朝に巌流島脇から出航。瀬戸内海は昨日までの嵐が嘘のような小春日和に恵まれていた。

六日夕刻、千別丸は兵庫港に入港した。港には、英米仏蘭などの艦船がひしめき合うように停泊していた。

前年の慶応三（一八六七）年五月、将軍慶喜は諸外国に対して「兵庫開港の期日遵守」を宣言していた手前、朝廷への強硬手段を画策するにいたり、兵庫開港の勅許が下賜され、すでにこの時、兵庫港は開港されていたのである。

藩主出陣

三月六日の夕刻に兵庫港に到着した千別丸では、隊員一同の船旅を慰労するための宴が催された。艦内の厨房で準備された湯気の立つ握り飯と味噌汁、それにヒジキの甘煮を肴にして、一同は束の間の異国の旅情に酔いしれた。

この時、すでに朝廷への使者である池辺藤左衛門と十時一郎は京へ、軍監の立花平左衛門と桜井杢左衛門は大坂築港の天保山台場へ向かって出立していた。

翌七日、英隊一番隊四十八名は安芸組と交代するため、天保山台場へ向かった。天保山（現大阪市港区築港）は、その名の通り、天保二（一八三一）年に安治《あじ》川河口を浚渫して生じた土砂を盛り上げた人工の小山である。当時は標高二〇メートルほどの高さで、そこに海防のための台場が築かれていた。大坂港の出船・入船の目印となっていたことから、「目印山」とも呼ばれていた。昭和三十三（一九五八）年になって、桜や松が植樹されて「天保山公園」が開園され、大阪の景勝地の一つになっている。ちなみに、地盤沈下などのため、現在の標高は四メートルほどになって「日本一低い山」として認定されている。

八日、池辺と共に京へ赴いた十時一郎が単身で千別丸へ戻って来ると、懐かしの友の顔がそこにあった。二月末に、京の地で参与の雪斎から「千別丸艦長補佐兼参謀」に任じられた曾我祐準であった。

「おおっ、曾我君ではないか。よく来てくれた。半年ぶりになるかな。肥後へ出掛けた後のあんたのことは、雪斎様から色々と聞いて来たよ」

「十時様、お懐かしうございます。今までご迷惑ばかりお掛けしましたが、艦長補佐としてお役に立たせてください」

「有り難う。ところで、この汽船には優秀な水主たちが乗り組んでいるので、心配はいらんよ。私は英隊参謀を兼務しているので、柳河から戻ったらあんたの出番だ。よろしく頼む。ところで、兄上の司（祐正）さんが変隊の隊長として乗船されておられるが、もう会われたかな？」

「はい、先ほど挨拶をしたところです。十時様、どうぞ兄のことをよろしくお願いいたします」

「司さんは人望がおありの方だから大丈夫だよ。それに決して無理をなさらぬお方だ」

と二人は藩船の千別丸による運命の引き合わせを喜び合った。

九日、安芸組一五〇名を載せて、艦長十時一郎、副艦長曾我祐準の千別丸は兵庫港を後にした。千別丸が無事に大川の若津港へ入港したのは、三月十三日の夕刻のことであった。この航海の折、祐準は蒸気船の操船をどうにか修得したようである。十時成四郎から訓練された風斗組所属の熟練の水主たちの支えも大であったはずである。

祐準にとって八カ月ぶりの坂本小路の我が家は、何もどこも変わっていなかった。ただ、五十三歳になる母民子は、気丈に振る舞うのだが、その姿に老いが確実に忍び寄っていた。二十六歳の兄嫁の歌子と八歳になる嫡男の祐義は、元気ではあったが、祐正の出陣でどことなく寂しそうであった。


その後の英隊の動きであるが、英隊二番隊と大砲隊、それに変隊の一〇二名は、神戸の極楽寺へ移動し、駐屯した。祐準の兄祐正の緊張した顔もあった。

十一日ぶりの陸上生活に、二番隊、大砲隊、変隊の隊員たちは体調を回復して、その表情は明るさを取り戻していた。その後十七日、新政府の命令によって、一番隊は神戸警備へ、二番隊以下残りは兵庫港の警備の任に就いた。

この頃、極楽寺の備中のもとに、三月十二日に藩主鑑寛が関東鎮撫の内命を拝し、近々上京の予定であることが知らされた。さらに、十三日に西郷隆盛と勝海舟が山岡鉄舟の仲介で会見したこと、翌十四日に「五箇条の御誓文」が布告されたことも伝わって来た。

この御誓文の草案は、肥後藩士横井小楠の門弟であった越前藩士由利公正が、小楠の実学思想（公共の政）を基礎に作成・提出した「議事之体大意」で、それは次の内容であった。

一つ　庶民志を遂げ、人心をして倦まざらしむるを欲す。
一つ　士民心を一にし、盛んに経綸を行ふを要す。
一つ　知識を世界に求め、広く皇基を振起すべし。
一つ　貢士期限を以て、賢才に譲るべし。
一つ　万機公論に決し、私に論ずるなかれ。

この内容は、世に名高い坂本龍馬の「船中八策」（その後「新政府綱領八策」を建白）を圧縮したエッセンスというべきものである。それは当然のことで、龍馬と小楠は慶応元（一八六五）年五月に、肥後の沼山津の四時軒において会見し、思想交流を図っていたのである。

かくて、藩主の上京――四月十六日。

その年の正月以来、寝込むことの多かった藩主鑑寛の病も三月になると癒え、鑑寛は上京の期日が四月十六日であることを八日に公布した。

家老の壱岐は、三月二十七日に大坂から帰還した安芸組の新軍制移行のための人事を終え、再び金策に苦しんでいた。藩主の出陣ともなれば、先遣の英隊、変隊の費用も加算すると莫大な出費となる。

壱岐は、寝ても覚めても金の心配をしなければならなかった。壱岐の心中を察するに余りあり……である。

藩主の親衛隊は、青隊長が十時清之助で、以下四十二名であった。また、藩主出陣後の後続隊の人事は以下の通りであった。

断隊総隊長　十時下総《しもうさ》（十時雪斎の嫡男。雪斎は大軍監）
断隊参謀　吉田孫一郎
断隊軍監　渡辺又四郎及び森又右衛門
断隊一番隊長　大村務（縫）他五十名
断隊二番隊長　立花紀伊　他五十一名
断隊大砲隊長　井手参十郎　他二十一名
発（軽卒）隊長　長岡弥右衛門　他五十一名

以上、後続隊の断・発隊は、総勢一八一名であった。

四月十六日は、好天に恵まれた。六つ半（午前七時）、鑑寛を載せた駕籠が大川若津港に向かって大手門を出立した。駕籠脇には、家老立花但馬、中老大村主馬、用人幸丸勘助、それに親衛隊長の十時清之助と断隊参謀の吉田孫一郎らが随行した。

巳の四つ時（午前十時）、一行は艀に分乗して、沖の千別丸へ移乗した。この時の艦長はもちろん十時一郎で、その補佐は曾我祐準であった。

三月十三日に柳河に帰還した祐準と十時は、それまで烏合の衆であった千別丸の操船乗組員をイギリス式に新たに編成し直していた。

艦長　　十時一郎
副艦長　曾我祐準
一等士官　笠間廣達
二等士官　岡啓三郎
俗事方　武島謙三郎
同下役　梶山登

他に、風斗組水主たちを機関方、同見習兼油差、運用舵取方、同見習兼小頭、蒸気釜方、燃料（石炭）方、大砲方と改めていた。慶応二年の秋から約八カ月間、マセソン商会所属のキリンアルペン号で学んだ航海術が役立ったのである。

千別丸には、英隊の残り三十名と青隊（親衛隊）四十二名、断・発隊の先遣隊七十余名が乗船し、波穏やかな若津港を出航した。有明海は陽光に輝き、千別丸の門出を祝福していた。船は平戸、馬関、芸州御手洗港に寄港し、大坂港に到着したのは五日後の二十一日正午のことであった。

藩主一行は大坂の中の島にある藩邸大坂館へと急いだ。千別丸は祐準の指揮で、後続隊輸送に備え柳河へ戻って行った。その後、鑑寛は親衛隊の青隊に守られ、朝命を待つために京都の上善寺へ移り、宿陣した。

神戸と兵庫港の警備を解かれた先遣の英・変隊と後続の英隊が大坂館で合流し、奥羽戦のために京都を発ったのは五月二十五日のことであった。五月初め、「奥羽越三十一列藩攻守同盟」が締結され、もはや奥羽戦は避けられない状況にあったからである。

備中以下一八〇名の藩兵は、上善寺の鑑寛のもとに伺候し、訓示を受け、玉旗と肩章を賜り、藩主の見送りを受けた。玉旗と軍楽隊を先頭に、一同は緊張の面持ちで出発した。柳河藩兵は、総督鷲尾侍従の指揮する第二軍に属していた。なお、大砲その他の付属部品は海路で運ぶことになり、六名の力士ら荷駄運搬の人夫たちは柳河へ戻された。

鑑寛は、二十八日になって、御所へ参内して「五箇条の御誓文」に背かぬことを宣誓し、白鞘の短刀を拝受したのである。

後日談となるが――

在京の藩主鑑寛が「関東鎮撫」の朝命を正式に拝したのは、六月十日のことである。鑑寛は、親衛隊と共にいったん中の島の大坂館へ戻り、在柳の壱岐に対して後続部隊の至急派兵を命じた。断・発隊の残り百十余名は、まだ柳河に待機したままであったからである。

しかし、残りの断・発隊が大坂へ到着したのは、何と八月十二日のことであった。鑑寛は、ただちに後続部隊、親衛隊などと共に東京（七月、江戸は東京と改名）へ向かって出発し、二十二日に四日市に駐屯するのである。

実は、八月に磐城平、三春、二本松方面での戦いはすでに終わり、会津若松城の攻撃を残すのみとなっていたのである。

話を元に戻そう。その後の英・変隊――

備中以下一八〇名の英・変隊の陸路東上は激しい降雨に見まわれ、泥濘に足を取られ進軍は難渋した。おまけに、矢作川、天竜川、大井川の川止めに阻まれ、進軍は大幅に遅れたのである。途中、岡部宿で、支藩三池の藩士十六名が英隊に編入された。

品川宿に到着したのは、六月六日未明のことであった。一行が下谷の柳河藩邸へ辿り着いたのは六日四つ（午前十時）のことで、宿舎の下谷広徳寺に入り軍装を解いたのが昼過ぎのことであった。

その頃、祐準の千別丸は一体何をしていたのだろうか。

四月二十二日に大坂港を出港した千別丸は、途中で兵庫港に寄港する。それは、肥後球磨地方を治める人吉藩主の相良頼基《よりもと》（二万石。元久二〔一二〇五〕年入部以来唯一の国人の家系）の一行を八代まで送り届ける任務のためであった。

祐準は、乗組員の航海技術をさらに高めるために、この任務を承知したのであった。穏やかな初夏の海に恵まれて、早崎海峡、島原湾を抜け不知火海に面する八代湾に到着したのは、四日後の二十六日のことであった。

翌朝、八代湾を出航した千別丸が、その日の昼過ぎ、大川の若津港に到着すると、予想もしなかった事態が待ち受けていた。

祐準と笠間廣達が、家老の立花壱岐に、藩主の大坂への安着と人吉相良侯の送り届けを復命すると、壱岐は、

「大儀であった。千別丸の乗り心地はいかがであった？」

と長い顔の頬を緩めながら問い掛けた。

初めて間近で壱岐に対面する祐準は、やや緊張しながら答えた。

「はっ、ことのほか快調でございました。とても中古船とは思えません。しかも、乗組員の操船技術も上々でございます」

すると、壱岐の長い表情が曇り出し、

「そうか、よかった。……実は、在京の雪斎殿より『新政府からの千別丸徴用の命令』が届いておる」

「えっ……」

「柳河としては、後続藩兵輸送のために千別丸を失いたくないのだが、至急との仰せなのだ。二、三日後に、大坂港へ回漕してもらいたい。なお、曾我には『新政府海軍御用掛』の朝命が下されておる」

「！……」

と祐準が唖然としていると、廣達が恐る恐る尋ねた。

「後続隊はいかがなされます？」

「二、三日では、乗船が間に合わぬのじゃよ。後続隊は陸路を辿るしかあるまい」

と壱岐は視線を宙に泳がせた。

磐城平城攻略

慶応四（一八六八）年の六月十一日、広徳寺に駐屯していた英・変隊へ奥羽征伐の命が下り、一同は下谷藩邸で追加隊員や夫卒と合流して、六つ半（午前七時）に江戸を発った。

奥羽鎮撫大総督府（浅草の東本願寺）へ報告した届書によると、銃隊が二四八名、夫卒が七十名の総員三一八名が従軍したことになっている。

千住、松戸、取手までは徒歩行軍で、取手から銚子までは利根川を下り、その後、銚子港から汽船三邦丸（薩摩藩所有）で移動して、平潟港（茨城県北茨城市、福島県境）に上陸した。平潟上陸部隊は兵員が多く輸送船が足りなかったため、梯団《ていだん》編成（小部隊の分散編成）であった。柳河隊は、第二梯団に配属されて、備前岡山藩兵と行動を共にした。その後の第六梯団までの兵員を合計すると、新政府軍の兵力は三千余名。磐城「平城」周辺の同盟軍と正面から対峙して、決戦の火蓋が開かれたのである。

この頃、平城では、城中の石火矢台に据えられた六斤砲と、稲荷山台の二百斤砲及び三百斤砲の迎撃によって、新政府軍は突入を阻まれていた。特に、正面からの米沢藩兵の新式元込銃（スペンサー銃か）の攻撃に反撃できず、退却を余儀なくされていた。


こうした戦況の硬直状態の中、浅草東本願寺内の大総督府では、四条隆謌《たかうた》が仙台追討総督に任じられ、平潟に軍司令を置き、第四・第五・第六の増援梯団が平潟へ上陸したのであった。

さらに、七月十一日になって、白河口から棚倉城を落とした板垣退助、大山弥助らが率いる増援部隊が平潟へ到着して、平城の総攻撃は七月十三日の早朝からと決定した。

総攻撃の前日、七月十二日の中食の後、小名浜に駐屯していた柳河総隊長の立花備中は、英隊一番隊長の立花参太夫、二番隊長の石川重郎、大砲隊長の蜂谷一学、変隊長の曾我司（祐正）を陣幕内へ召集した。他に、参謀の十時一郎、軍監の立花平左衛門、桜井杢左衛門の顔があった。一同の表情は緊張に強ばっていた。

「平潟の軍司令部から、明日の平城総攻撃の命令が届き申した。いよいよ、大輪の立花の花を咲かせる時でござる！」

備中が色白の顔を紅潮させながら、一同に告げた。

「おおっ、いよいよでござるか！」

と四隊長たちは身を乗り出した。

「我が柳河藩は、西海に位置すれど、藩祖宗茂公以来、勇猛果敢の猛者揃いの藩として世に名をなしてまいり申した。平城は奥羽屈指の堅牢を誇る城と聞くが、諸将の奮戦を期待いたしており申す。同盟軍もここ奥羽の入り口を死守する意気込みでござろうが、平城制圧なくば会津への進軍も不可能でござる。総隊長として、私も討ち死に覚悟で、後世に立花の名を残す存念でござる。ご一統の奮戦をお願い申す！」

と備中は十七歳とはとても思えない口上を毅然と言い放った。一同は、

「ははっ」

と肩を振るわせながら低頭した。その時、砲隊長の蜂谷が、

「一同、討ち死に覚悟でござりまする。全員死して、たとえ玉旗を敵に奪われましょうとも、決して朝廷への不忠ではございますまい。敗れて帰国いたさば、何の顔容《かんばせ》あって先君の英霊に

応え、当君のご尊顔を拝し、先祖の位牌を拝することができましょうぞ……うっぐっぐ……」

と一同の気持ちを力強く代弁した。

備中は頷き、

「では、攻め口の儀は、参謀よりお願い申す」

と横に控えた十時一郎を促した。

「我が柳河藩は、明朝七つ半（午前五時）にこの小名浜を発ち、本道正面から攻め入る予定でござる。なお、先日からの新田山、湯長谷、そして平潟の奮戦の報償として、施条入り（ライフル）大砲二門（棚倉藩の砲）が交付され申した」

さらに、十時は頬を緩めて、

「蜂谷殿、よかったたな、出番ですぞ。しっかり頼みまする！」

と砲隊長を激励した。

その後、一同は備中手ずからの盃を拝し、決死・決別の酒を酌み交わした。

明けて十三日——一寸先も見えぬ濃霧。

この日の政府軍は、右翼軍が沼の内から、中央軍が小名浜から、左翼軍が湯長谷からそれぞれ出陣した。柳河はこの中央軍の先駆けに配属されていたのである。

最初に戦端が開かれたのは、同盟軍が上高久の高台に築いた陣地での右翼軍との戦闘であった。進軍中の薩摩がこの砲声を聞きつけて右翼隊の援護に転進し、数刻のうちにこの高久陣地を制圧した。

一方、左翼軍は湯長谷から出発して三隊に分かれ、一隊が中央軍に合流、一隊は高坂から尾根伝いに平城の西方台地へ向かっていた。

中央軍の柳河は、小名浜から本道を進んだが、何の抵抗もなく谷川瀬の南、平城から四半里（一キロ）の地点に達していた。しかし、同盟軍が市街南方に築いた堡塁に阻まれ、ここを容易に突破できなくなったのである。

この頃、各方面から進撃したすべての政府軍は平城の外郭まで到達していた。朝からの濃霧はすでに晴れていたが、小雨が降り始め、その雨足は次第に激しさを増し、雷まで鳴り出した。戊辰戦争は「雨の戦争」とよくいわれるが、磐城平もやはり雨の戦闘となった。

同盟軍の装備は、そのほとんどが和式の火縄銃で、折からの雷雨のために火縄が濡れたり、火薬が湿気《しけ》たりして不発銃が多くなっていた。それでも、山城の城郭は堅固で、同盟軍の必死の抵抗によって政府軍のどの一隊もまだ城中への突入は果たせないでいた。

市街南方の堡塁からの銃撃が弱まったのを幸いに、柳河一番・二番隊がこれに突撃し、同盟軍の兵はこの堡塁から退いて行った。すでに、昼時を過ぎた頃であった。

雨に濡れて、柳河隊員が身に付けた厚手の羅紗地の段袋と筒袖が重く身体にまつわり付き、

隊員たちの動きは緩慢になっていた。この様子を見て、総隊長の備中が騎馬で堡塁近くへ駆け出そうとした。その時、

「御大将、下馬！」

と従卒の一人が横合いから手綱を引き絞ったのである。そのため、備中の馬は引かれた手綱の方へ方向転換し、備中は馬から振り落とされてしまった。

「何をするぞ！　唯七（筆者の曾祖父）」

と日頃は温厚な備中が阿修羅の形相で怒声を発した。

「御大将、騎馬武者には常に敵の狙撃兵が照準を合わせておりまするぞ！」

その時、

「ダーン」

と一発の銃声が鳴り、備中の馬が「ドーッ」と倒れた。

「オーッ」

二人は身を伏せた。

堡塁を突破した柳河は、ここで隊伍を整え、隊員たちは立ったままで干し飯《いい》をむさぼり食った。そして、二門の大砲隊を先頭に、一番隊、二番隊、変隊の順に平城正面の大手門へ向かった。雨は小降りになっていた。雨に濡れた草鞋が「ビシャビシャ」と音を立てていた。裸足の隊員もいた。

友軍の佐土原藩大砲隊が、左手の砲台を攻めていた。柳河は正面の砲台を攻撃したが、同盟軍も大砲、小銃を乱射して防戦した。大手門前への長い渡り橋（百間橋という）の下の城堀は断崖のごとく切り立ち、その幅も広く、しかも泥濘のために、ここを越えるには長橋しかない状況であった。すなわち、正面台場を切り崩す以外に方法がなかったのである。戦闘は、この城堀を挟んだ至近距離での銃撃戦となったのである。

実はその頃、城中の先代藩主の安藤信正は、家臣たちの進言によって、旧幕臣「純義隊」に守られて城を脱出していたのである。城中には、わずかの平兵と若干の相馬兵及び仙台兵が残っていた。

大手門前では――

最前線の砲隊を指揮する蜂谷隊長や二十二名の砲隊員の多くが銃創を負い、二門の大砲を操作する砲手も少なくなっていた。

敵、味方の銃弾が飛び交う中、一人の砲隊員が大砲に取り付き、一弾を発射した。砲弾は、大手門の梁木と瓦を見事に吹き飛ばしたが、大手門を破壊することができなかった。

それを見た二番隊長の石川重郎が砲に駆け寄り、

「綿貫敬太郎（吉直。後に警視副総監、元老院議官）か？　見事！　照準を二度下げよ！」

と怒鳴った。

「はっ、了解！」

と応え、二弾目を装填し発射した。

二弾目は見事に大手門の大戸を粉砕した。次の三弾目は大手門横の目付番所を吹き飛ばしたのである。

「おおっ！　やったぞ」

と柳河の隊員たちは奮い立った。正面を守っていた仙台藩の軍旗が後退するのが見えた。

石川の大声が聞こえた。

「撃ち方やめ！　全軍突入！」

石川を先頭に、隊員たちは我先にと百間橋を渡った。

雨霰の小銃弾が柳河隊員に襲い掛かる。長橋の中ほどで、石川が膝をつき、そのまま前につんのめった。さらに、続く四、五名の隊員が小銃を落とし、倒れ込んだ。石川は腰に銃創を負っていた。一人だけが起き上がらなかった。胸に被弾した今村関之丞で、即死であった。

先頭を走っていた隊員の一人が辛うじて大手門へ駆け寄り、破壊された大戸の一部に、懐から取り出した筆で、「先登《せんと》（一番乗り）柳河藩小野俊十」と墨痕鮮やかに殴り書きをした。

これを見た柳河藩兵は、怒濤のごとく城内へと雪崩れ込んだ。後方の変隊の隊員たちが、友軍の戦傷者や死者（奇跡的に五名のみ）の遺骸を荷駄車へ抱え上げていた。

銃眼から降り注ぐ小銃弾は次第に鳴りを潜めつつあった。七本松方向から進軍していた、薩摩、肥前大村の旗印が裏手を攻め立てて、今にも城内へ突入しようとしていた。

すでに、侍屋敷、足軽屋敷も神社仏閣も、藩校「施政堂」の建物も燃え上がり、その炎と黒煙が天を突いていた。残っていた仙台兵は、いつの間にか城から脱出していたのである。

やがて、夕闇が迫り、吶喊《とっかん》の叫びも砲声も聞こえなくなっていた。終日の激戦で兵の疲れも頂点に達し、弾薬も欠乏していたので、休戦の伝令が届いた。柳河、佐土原、備前、大村は兵を引いたが、因州藩だけは監視役として留まることとなった。

ところが、薩摩藩兵は休戦命令を無視して、夜間攻撃を継続したのである。このため、本丸に籠城していた同盟軍も、これ以上の籠城は無理と判断し、放火・逃走した。本丸を焼く紅蓮の炎が、闇夜の天を焦がした。ここに、平城は落城したのである。

その頃、柳河藩は平城への侵攻を阻んだ堡塁のあった市街地まで軍を引いて、戦死者五名の遺髪を切り取ってその遺骸をしめやかに葬っていたが、砲声と本丸の炎上に気付いた。

誰かが、

「休戦命令を無視して、戦闘が再開されているぞ！」

と叫んだ。

隊長たちも、空き屋に休息していた備中のもとへ集まって、この成り行きに憤慨した。

「夜も更けておるゆえ、明日にも討伐参謀本部へ十時一郎並びに西田貞之丞を派遣して、ことの真相を究明しよう」

という備中の冷静な処置に、一同の逸る気持ちが治まった。

隊員たちが遅い夜食にありついたのは、子の九つ（午前零時）を過ぎた頃であった。

翌日、参謀本部の木梨精一郎に掛け合った十時と西田の復命によると、木梨は、

「昨日の貴藩の勇戦振りに一同驚嘆いたし、貴藩への報償を審議中でござった。薩摩の独断専行はお詫び申す。磐城平の功労者は貴藩に相違ござらぬ。朝廷への報告書にも、柳河先登第一と記載する所存でござる」

と回答したという。この話が、全隊員にも伝わり、隊員たちの戦意は益々高揚したのである。

七月二十一日、軍監の立花平左衛門は従者二人と共に、東京の下谷上屋敷へ向かった。その用向きは、五人の戦没者遺族への手配とこれまでの戦況報告であった。なお、この時点では、藩主鑑寛と後続隊はまだ東京には到着していない。

この頃、七月十七日には、第七梯団として、大和郡山の第二陣（一二〇名）が平潟に上陸していた。さらに二十三日になると、仙台追討総督に任命されていた四条隆謌が平潟口総督として小名浜へ上陸し、「自性院」に宿営した。同日、第八梯団として、筑前（本隊四四二名）や長州四中隊、岩国・安芸・久留米藩兵が総督と共に小名浜へ上陸した。

このことからも、九州の筑前本隊と久留米の出兵が出遅れていることがわかる。これが原因と想像されるが、久留米藩は翌年の箱館戦争へも駆り出されることになる。

磐城平で十日余りの休養を取った柳河藩兵が転戦命令を受け磐城を後にしたのは、七月二十

七日のことであった。

最初の攻撃目標は三春城であったが、途中で三春藩が恭順したとの伝令を受け、参謀の渡辺清左衛門率いる政府軍は開城された三春城へ威風堂々の入城をした。前日には、板垣退助がすでに入城していた。

遅い東北の夏は、すでに連日の炎暑となり、やがて八月を迎えていた。冬用の羅紗地の筒袖は暑苦しく、隊員たちは下着と段袋の格好で涼を取る日々が続いた。

八月二十日になって、再び転戦命令――

柳河藩は二本松へ移動した。この時、二本松には、宇都宮から侵攻した薩摩・長州・土佐・備前・大垣・彦根・因幡の諸藩兵四千余名の精鋭部隊が集結していた。

この四千余名の大部隊は、柳河と入れ替えに会津若松城攻略のために出陣して、柳河は二本松の守備を命じられたのである。

清水港の海戦

八月六日、政府軍に内通していた中村藩が正式に降伏すると、総督の四条隆謌はこの中村の地へ入城した。この時から、中村城は十月まで政府軍本営となる。

この本営から柳河藩へ出動命令が届いたのは、九月二日のことであった。その命令は、

「半数は二本松の警備として引き続き滞留のこと。残り半数は会津若松城の攻略に出動せよ」

というものであった。

総隊長の備中は各隊長を召集した。一番隊長の立花参太夫も二番隊長の石川重郎も変隊長の曾我司（祐正）も、

「我が隊こそ出動！」

と一歩も譲らなかった。大砲隊長の蜂谷一学は、

「まさか大砲隊の残留はござるまい。従って、残りの三隊でクジを引くというのはいかがだろうか？」

と妙案を持ち出したが、参謀の十時一郎は即座に、

「クジでの決定では、残留隊の恨みを買いましょうぞ！　ここは、曾我さんの変隊に残ってもらうことが、一番丸く収まるというものではござるまいか。いかがでござろう」

とクジ引きを否定した。

その時、頬を緩めた備中が、

「誠に妙案！　して、私はもちろん出動じゃな？」

と一同を見回した。すると、十時が、

「いえいえ！　滞留部隊に御大将が残られるのが、戦の常識でござる」

と備中の出陣を強い口調で拒否した。

「うん……左様か。一同に異存がなくば、参謀の案にて決するぞ！　……では、隊員たちに伝えよ。一同大儀であった」

と備中は浮かぬ表情ではあったが、散会を命じた。

　翌九月三日、柳河の英隊一番・二番隊と大砲隊は、変隊と総隊長を残して会津へ向かった。誰も不平を言う者はいなかった。

　東北の短い夏は終わり、朝夕はさすがに冷え込むようになっていた。


　その頃、京都にあった藩主鑑寛は、親衛隊（青隊）四十三名及び陸路大坂へ到着した後続隊の断隊と砲隊・発（軽卒）隊の一八一名を従えて、東京へ向かっていた。

　藩主一行の東京到着は、九月九日のことである。鑑寛は下谷の上屋敷に入った。隊員たちは、先の英隊と同様に広徳寺へ宿陣した。

　その後、発隊（隊長は長岡弥右衛門）五十二名は手薄の二本松警備へ向かい、残留していた変隊と合流（十八日）。一方、断隊一二九名は、政府軍の艦船飛龍丸と富士山丸で品川から駿河清水港へ向かった。この地の警備の任に就くためであった。

　ところが、ここで、総隊長十時下総の指揮する断隊（一番隊長は大村務、二番隊長は立花紀伊、砲隊長は井手参十郎）は、予想もしなかった「海戦」に遭遇するのである。それは、九月十二日夕刻のことであった。

話は遡るが、四月の江戸城明け渡しの折、幕府の兵器はもとより軍艦も引き渡すことになっていたのだが、榎本武揚（海軍副総裁）は引き渡し延期を願い出て、その夜のうちに艦船七隻を率いて房州館山へ脱走するのである。

その後、榎本は房州館山の残存艦船を擁して、奥羽列藩と政府軍の挙動を窺っていた。榎本は旗本八万騎の旧幕臣の処遇に腐心して、幕臣たちを屯田兵として北の大地蝦夷へ移住させようと考えていた。そこへ、仙台・会津・米沢からの密使が訪れ、「奥羽列藩の挙兵に応じて、援護と応援を願う」と申し出た。

かくして、榎本は永井尚志《なおゆき》（初代の長崎海軍伝習所頭取、若年寄）や彰義隊残党を収容して、八月二十日の寅の七つ（午前四時）頃、旗艦開陽丸以下八隻の艦船（後に、仙台東名浜で大江丸、鳳凰丸と合流）と共に、房州館山を出航する。海軍伝習所での仲間であった矢田堀景蔵（前海軍総裁）は恭順派で、榎本らと行動を共にしてはいない。艦上には、旧桑名藩主松平定敬、元老中板倉勝静《かつきよ》や元歩兵奉行松平太郎、遊撃隊長人見勝太郎、そして土方歳三、大鳥圭介の姿があった。

ところが、翌二十一日の夕刻から、海上の三角波が次第に大きくうねり出し、八隻の艦船は離ればなれに航行せざるを得ない状況となった。出航前には予想もしなかった暴風雨が襲って来たのである。

美嘉保丸は、犬吠埼《いぬぼう》の岩礁に乗り上げて船底を破損し、航行不能となった。六百余名の乗組員たちは、海岸へ上陸して陸路、箱館へと向かわざるを得なかった。

また、大破した咸臨丸も箱館を目指したものの、強風のために太平洋沖合へと流され、ついに引き返すことになる。しかし、僚船がいなくなった大館または品川へ戻ることもできず、咸臨丸は駿河の清水港へ避難した。その清水港へ、九月十二日の夕刻、柳河藩兵が警備の任に就くために乗り込んで来たのであった。

夕闇迫る清水港へ、飛龍丸が船足を緩め、滑り込んだ。富士山丸は、まだ湾口外にいた。総隊長十時下総の指揮により、断隊一番隊員は、上陸のために飛龍丸甲板へ出て整列していた。

「おおっ、船だっ！」

と誰かが叫んだ。港の奥に一隻の船が停泊していたが、そのマストの帆は無惨に引きちぎられて、痛々しいばかりの船影であった。

「あれは咸臨丸だっ。箱館へ逃走した幕艦だぞ！」

と船に詳しい飛龍丸の水夫が叫んだ。その咸臨丸の甲板には人影もなく、ひっそりとしていた。

その時、一番隊長の大村が叫んだ。

「ご一同！　奇襲攻撃でござる。艀を降ろせーっ！」

大村の横にいた総隊長の十時と参謀の吉田孫一郎も頷き合い、二番隊による援護射撃の指示をした。

咸臨丸では、夕餉のためか、まだ甲板上に人の動く気配はなかった。一番隊五十一名を分乗させた四艘の艀が、舷側に取り付いた。甲板上へ人影が現れ、右往左往し出した。

一番隊全員が甲板へ躍り込み、

「ダン、ダダーン」

と銃声が港に木霊した。

飛龍丸の甲板から、二番隊の小銃と大砲が火を噴いた。

「ダン、ダダーン、ドーン」

咸臨丸の船尾が砕け飛んでいた。すかさず、飛龍丸の右舷が咸臨丸の左舷へ横付けされ、立花紀伊の二番隊も切り込んで行った。

不意をつかれた幕兵たちは抵抗の術もなく、戦いはわずか半時（一時間）で終わった。百名足らずの幕兵たちは、小銃や刀も取り上げられて、悄然と甲板に整列した。この頃になって、後続の富士山丸が入港して来た。

実は、咸臨丸の幕臣遊撃隊士の多くは、すでに陸路で箱館へ出発して、この百名足らずが残留していたのである。

柳河藩にとっては、まさに偶然と幸運に恵まれた「幕艦拿捕」の海戦となったのである。その夜、断隊一同一二九名は、清水港の新鮮な魚介を肴に海戦勝利の美酒を多いに飲んだという。

兄弟の再会

すでに、七月には江戸は「東京」と名を変え、九月には「明治」と改元されていた。また、二十日ほど前の十月十三日、京都から海路品川へ到着した明治天皇は、途中の増上寺で「鳳《ほう》輦《れん》」（御輿状の乗り物）に移乗して、江戸城（到着後、東京城となる）二の丸へ入城し、この西の丸が天皇東幸中の行在所《あんざいしょ》（皇居）となっていた。

関東鎮撫を拝命していた藩主鑑寛は、下谷筋・和泉橋筋・昌平橋筋の警備の大任を無事に全うしていた。また、前述の広田神社宮司の広田彦麿も「蒼龍隊」を率いて、大総督有栖川宮熾仁親王の親衛隊としてこの品川からの行幸の先駆を務め、西の丸の錦旗守護役（近衛兵）を拝命していた。

下谷藩邸から目と鼻の先にある上野寛永寺付近も、五月十五日の彰義隊討伐戦で荒れ果てていたのだが、すでに復興が進んでいた。東京は、江戸情緒を再び蘇らせて、往来の人出も多く、町は活気付いていていた。

十一月十日、広徳寺の英隊、大砲隊、変隊、発隊は、柳河への帰藩命令を受け、藩邸へ挨拶のために立ち寄った。藩邸には、藩主の立花鑑寛と下手渡《しもてど》藩主の立花種恭《たねゆき》が一同の到着を待ちかねていた。なお、下手渡（現福島県伊達市月舘町）は三池藩の飛び地で、奥羽列藩同盟に加盟していたが、いち早く新政府への恭順を表明した。

余談ではあるが、この種恭は、慶喜が開陽丸で大坂城から江戸城に逃げ帰って三日後の評定の場において、恭順かそれとも抗戦かの結論が出ない中で、

「小栗（忠順《ただまさ》、この時勘定奉行）様と同様に、私めも決起せよとのお言葉を賜りとうございます。諸藩大名たちには、慶喜様が再挙なさるからとのことで、総登城を命じられました。評定も、恭順か抗戦かということより、いかに戦うかが議題であったはず。なのに、いつの間にか慶喜様にあらせられては、抗戦する意志が失せたかのご様子……。解せませぬ。慶喜様は、腰を抜かされたのではありますまいか」

と慶喜に詰問したことで、その名が知られていた。維新後に三池知藩事となり、華族学校（後の学習院大学）の初代校長となる。

三池藩士十六名（戦傷者三名）も勢揃いした前で、鑑寛が送別の言葉を述べた。

「この度の奥羽戦、一同の者、誠に大儀であった。皆の磐城平城での奮戦により、後世に立花の名を広く留めることとなろう。三池藩士の十六名もご苦労であった。ただ、戦死者の五名の者には、謹んで哀悼の意を捧げたい。ご一統と共に、黙禱をいたしたい。では、黙禱……」

どこかで、啜り泣く声がした。十一月（陽暦では十二月）の東京の空は、隊員たちの意を汲んだのか、今にも泣き出しそうであった。

この日、鑑寛は明治天皇の浜離宮への行幸に随行して、高台から政府海軍の操練を観覧した。この時、後続の断隊・大砲隊一二九名は、まだ清水港の警備中で駿河の地に駐屯していたが、八日後の十八日に柳河への帰還命令を受け、清水港を発つ。

なお、関東鎮撫の任を解かれた鑑寛と親衛隊四十三名の青隊が帰還の途に就いたのは、十二月二日のことで、明治天皇の京都への還幸は同月の二十二日であった。

東京を十日に発った備中以下の藩兵は、十一月二十日に新井宿（北国街道と飯山街道の宿場）に投宿していた。そこへ、在京の立花壱岐から備中宛の飛脚便の書簡が届いた。

立花備中　殿

一筆、お願いの儀ござ候。隊員一同の凱旋祝賀の宴を催し、その労を労いたくござ候。一日でも早い柳河への帰還を望まれて居られると思うに、申し訳ない存念なれど、一同の京への立ち寄りをお願い奉り候。東京の殿様にはお許しを得ており候。なお、宿所は、京で流行《はやり》の三本木の料亭にてござ候。

明治元年十一月十二日

立花壱岐

この書簡を受け取った備中は、

「うっ、むむー……」

と呻いた。

父壱岐の思わぬ配慮は誠に嬉しかったのだが、隊員たちは朝廷から奉じられた「錦の御旗」を押し立てて、直接柳河へ凱旋するものと思い込んでいたからである。もし、京へ立ち寄ることとなれば、その王旗を朝廷へ返還しなければならないのでは、と危惧してもいた。

備中は、ただちに各隊長たちを宿の自室へ召集した。英隊一番隊長立花参太夫、二番隊長石川重郎、大砲隊長蜂谷一学、変隊長曾我司、発隊長の長岡弥右衛門、他に参謀十時一郎、軍監の立花平左衛門と桜井杢左衛門の顔ぶれを前に、備中は口を開いた。

「在京の父より、京都に立ち寄るようにとの書簡が届き申した。当初の予定では、京を迂回して直接大坂へ向かううつもりでござったが、ご一同のご意見は如何?」

「……」

一同は互いに顔を見合わせて、黙り込んだ。たまりかねて蜂谷が、

「京で何をするのでござろうか? 隊員たちは、一日も早い帰柳を望んでおりまするが……」

と備中の気持ちを探った。

「手紙には凱旋祝賀の宴を催すと書かれており申す。ただ、十時は、朝廷への凱旋報告をすることが父の真意ではなかろうか、と申しておるのだが、のう十時」

「はっ、壱岐様はこの度の柳河の磐城平での勇名を新政府上層部へ広く流布することを目論

んでおられると推測いたしまする。新政府には、参与として十時雪斎様も名を連ねておられまするし、今後の柳河の立場を熟慮されてのご判断ではないかと……」

一同は、いつもながらの切れ者の十時の言葉に納得したようであった。かくして、備中以下は京を目指すこととなる。

各隊長たちの散会後、備中は従卒で右筆でもある田中唯七に代筆を命じた。

「唯七、すまんが父への文を認めてくれ。一同喜んで京へ参るとな」

「はっ、承知。ところで、御大将……」

「うん？」

「壱岐様にはもう一つの目論見があることをおわかりですか？」

「うーん、わからぬな……」

「壱岐様は、ご無事な備中様に早くお会いになりたいのではないでしょうか」

「そうかもしれん。私のこの度の出陣を大層心配していたからな」

翌日、備中以下は京を目指して南下した。二十八日に、草津に到着。二十九日、大津を経由して京の柳河藩邸に到着したのは、六つ半（午後七時）のことであった。

すでに、屋敷内の馬場には篝火が赤々と焚かれて、張り巡らされた幔幕の中の莫蓙の上には豪華な酒肴が準備されていた。その日の京は底冷えが厳しく、隊員たちの口元から白い息が漏れるほどであったが、凱旋隊員たちの熱気と彼方此方で燃やされる焚き火の炎によって、寒さを感じる者は誰もいなかった。

一同着座の後、壱岐が歓迎の挨拶を述べた。

「ご一同、大儀でござった。愚息備中をよくぞ盛り立てての皆の奮闘、誠に有り難く、お礼の申しようもござらぬ。今宵は粗酒、粗肴ではあれど、ゆるりとお過ごしあれ。なお、方々の宿所にも酒肴を準備しており申すゆえ、存分に歓を尽くされよ。ただ、明日午後の御所への参内まで二日酔いを残されぬよう！」

あまりの歓待振りに、隊員たちは度肝を抜かれ、この饗応には何か下心があるのではないか、と疑う隊員もいたほどであったという。

やはり、参謀の十時一郎が予言した通り、御所への参内が予定されていた。

翌十一月三十日の八つ（午後二時）、英隊、大砲隊、変隊、発隊の二二七名は錦の御旗を捧持して参内した。

南殿前の広場に隊伍を整え整列した隊員たちから遙か遠くの南殿金屏風内には、東園宰相中将が出座し、議定の松平慶永（春嶽）が陪席して、新政府吏員から「御読み渡し」が備中に下賜された。それは、

立花少将（鑑寛）兵隊、久々遠路跋渉《ばっしょう》、攻撃奏功、既に東京に於いて慰軍なされ候へども、今般凱旋につき取り敢えず酒肴を賜わり候事。

但春来の兵事に付き、大宮御所にても御内々御憂襟《ゆうきん》あらせられ、征討兵士の艱難《かんなん》を恤《いつく》しくおぼしめされ、日夜平定のみ御祈念の折柄《おりがら》、今般凱旋のおもむき御内聴《ないちょう》あらせられ、御喜悦斜《ななめ》ならず候。猶又《なおまた》御留守中（天皇は東京行幸）につき、帰陣のもの厚く慰労候よう御内諭あらせられ候事。

十一月　　　　　　　　　　　　　　　　　　　　行政官

（渡辺春三『立花親雄と柳河城』〔柳川山門三池教育会、昭和六十年〕より）

と書かれていた。

なお、壱岐からの願い出によって、王旗は返納せずに柳河まで捧持することが許された。

十二月三日、備中以下の柳河藩兵は、京を発ち、伏見から淀川を小舟で下って大坂へ到着した。大坂館勤番の大村守馬が出迎えてくれ、また大いに歓待された。

大村の脇に色白で大柄の士がにこやかに佇んでいた。誰かが、

「おおっ、曾我準造（祐準）さんではないか！」

と叫んだ。その声に気づいた十時一郎が、

「曾我君か？　元気そうだな。よかった！」

「はい、お陰様で何とか」

と二人は手を握り合った。

そこへ、誰かが知らせてくれたのであろう、兄の祐正が駆け寄って来た。

「祐準、元気だったか？　お前のことが気になっていた。今、何をしているのだ？」

「はっ、凱旋おめでとうございます。ご無事で何よりでございます……」

兄弟の目には、涙が溢れていた。

十時が、

「立ち話もなんだから座敷へ上がらせてもらおう」

と勝手知る小部屋へ案内してくれた。

「で？」

と兄祐正と一郎に催促され、祐準は語り始めた。

「四月に鑑寛公を大坂までお送りした後、兵庫から人吉の相良候を八代へ送り届け、柳河へ帰還したのでございます」

「うん、そうだったな。それから？」

「壱岐様から、千別丸が新政府に徴用されたことを承り、大坂へ回航したのです。その時、私は海軍御用掛として出仕いたしました。あっ、その後の千別丸は笠間廣達君が艦長となり、北越戦の輸送船の任務に就いたのですが、八月の暴風雨で破船してしまいました」

「そうだったのか！　笠間たちは無事だったのか？」

と十時が身を乗り出した。

「はい、全員無事に避難したそうで、今は別の政府艦船に乗っているようです」

「そうか、千別丸の乗員は優秀だったからな」

十時も祐準も千別丸の在りし日の勇姿を思い出していた。そこへ、小者が酒、肴を届けて、三人は凱旋の祝杯を高々と上げた。

祐正の酌を受けながら、祐準はさらに語り出した。

「今は、軍務官（越後口総督嘉彰親王、後の小松宮が知事。役所は元京都守護職屋敷）の判事試補から権判事となりまして、京都と兵庫出張所の間を行き来しまして、メリケンの軍艦を買い付ける仕事をしています。ところで、北越・奥羽戦は終わりましたが、十一月に蝦夷の五稜郭に入城した榎本武揚との一戦が避けられない事態となっています」

十時と祐正の表情が強ばった。

「兄上、私はいずれ箱館へ赴かなければならない身、母上や歌子様、それに西原家の皆様によろしくお伝えください」

「仕方があるまい。お前の身は、天下に捧げたのだからな……。だが、無理をするなよ」

と祐準の強情さをよく知る祐正は何度も頷いていた。

「曾我君、柳河へ一緒に帰れると思っていたが、残念だ。御身ご自愛なされよ」

と十時も頷きながら祐準へ酒を勧めた。

この大坂館での曾我兄弟それに十時一郎らの再会から数えて十二日後の十二月十五日に、入《い》札《れふだ》（選挙）によって総裁榎本武揚他の蝦夷共和国の人事が確定され、「独立政権の樹立」を宣言することになる。

曾我兄弟が再会したこの十二月三日、東京の皇居では、天皇が六カ国公使を謁見し、天皇政府による全国統一を国際的にも承認させようとしていた。席上、岩倉具視は、「六カ国局外中立の撤廃」を要求した。六カ国の意見は、即時撤廃派と延期派が三対三となったため、フランス公使ウトレイの調停で、「日本の内戦が終結したこと。交戦団体は存在しないこと」の二原則を認めた上で、撤廃を見送るというものであったが、二原則を認めること自体は事実上の「撤廃」であったのである。つまり、箱館の榎本武揚の蝦夷政権は、単なる反乱軍と見なされたのである。

五日に、大坂港に手配されていたイギリス汽船（局外中立の事実上の撤廃で実現）に乗船して、七日には豊前大里へ上陸した柳河藩兵たちは、懐かしの九州の地を踏んだ。柳河は目前であった。激しかった戦闘で猛々しくなっていた隊員たちの心も表情も、京と大坂での歓待と慰労によって、すでに穏やかに変化していた。

備中以下の柳河藩兵は、小倉、木屋瀬《こやのせ》、飯塚、山家《やまえ》、府中を経由して、十二日夕刻に、城下北東から流れ込む矢部川支流の塩塚川に架かる行基《ぎょうき》橋袂で残留藩兵四小隊に出迎えられた。

一行は隊伍を整え、錦の王旗には先払いを付けて、軍楽隊、騎馬の備中、一番隊、二番隊、大砲隊、変・発隊、そして出迎えの四小隊が後衛となって、瀬高村（現みやま市瀬高町）へ入った。

暮れなずむ沿道には、大勢の人々が溢れ、皆は下座をして出迎えたのである。藩を代表して出迎えた家老の小野若狭と由布安芸の手配で、一行はこの瀬高の庄屋宅や民家、八幡宮境内で旅装を解いた。

小野若狭の出迎えの挨拶で、一行は明朝一番に三柱神社に詣でることを知らされた。

翌十三日の明け六つ（午前六時）に瀬高の各宿所を出発した一行は、残留藩兵が放つ祝銃の中、五つ半（午前九時）に三柱神社へ到着した。藩主（東京在）の嫡男である鑑良が病中であったために、留守家老の立花内膳の出迎えを受けた。

隊員一同は、神前へ詣でて凱旋報告をした。その後、全員が宮司から御神酒を振る舞われ、再び隊伍を整えてお城へ向かった。沿道には、隊員たちの家族・親類縁者が待ち受けていた。

やがて、お城の天守閣が頭上に迫って来た。隊員二二七名は、大手門手前の玉砂利に整列し、膝を折り額ずいた。

「ドン、ドドーン」

と城内の四隅から祝砲が轟いた。この時の祝砲は四十発であったという。

「ばんざーい、ばんざーい！」

城内からも、城堀脇の出迎えの領民からも、熱烈な「万歳」の叫びが上がった。隊員たちは、肩を震わせてむせび泣いた。

その後、隊員たちは大広間で凱旋祝賀の酒肴を頂戴し、それぞれの家路に就いたが、三池藩士十六名は京町の御使者屋敷に一泊し、翌日には三池（現大牟田市）へ帰還・凱旋した。

柳河城の面影を残す石垣とへそくり山付近（柳川市本城町）。天守閣，本丸などは明治5（1872）年の火災で焼け落ちた。跡地は現在，柳城中学校・柳川高校の敷地となっている

柳河に、やっと平和が戻った。しかし――

明治二（一八六九）年の版籍奉還及び続く明治四年の廃藩置県によって全国の武士階級は俸禄を失って、それまで以上の赤貧の生活を強いられることとなるのである。

維新の志士たちがあれほど夢見た明治の新時代とは、「本社」の徳川幕府と「支社」の藩解体によって雇用基盤が崩壊した「リストラ社会」を生み出して、次第に不穏な社会へと突き進んで行くのである。

明治七年の江藤新平らの「佐賀の乱」、明治九年の太田黒伴雄らの「神風連の乱」（肥後）、宮崎車之助らの「秋月の乱」、前原一誠らの

「萩の乱」、そして明治十年の西郷隆盛らの「西南戦争」など、不平士族の反乱と自由民権運動の嵐が吹き荒れることとなる。

第三部

疾風編

運命の出会い

明治元（一八六八）年の暮れ、祐準は軍務官兵庫出張所の権判事の任を解かれ、京都軍務官の在勤となる。後任は、同じ柳河の武島謙三郎であった。

もともと、軍務官の人事は薩摩の吉井幸輔（友実）の人選で決定されていたのである。吉井は、軍務官判事として、その実権を掌握していた。

当初、十時信人（壱岐の末弟）も権判事に任官されていたのだが、柳河の不穏な動きに対処するため、明治二年になってから武島と共に退官して帰柳してしまう。

ところで、柳河人の新政府任官者は、小藩ながら結構多いのである。祐準の自叙伝によると、次の通りである。

十時雪斎	参与、奥羽戦大軍監、その後辞職
池辺藤左衛門	徴士、会計官判事、その後辞職
十時信人	軍務官権判事、その後辞職
武島謙三郎	軍務官判事試補、その後辞職

中村祐興　大津県権判事、初代大蔵省抄紙局長（造幣局長）、子爵
家永達之助　大津地方官、その後辞職
高石静治　祐準の執事から、土木局、各所転任
石川揆一（重郎）　兵部省、その後辞職
笠間廣達　終生海軍（戦艦比叡の艦長として台湾の役での功績大）
岡啓三郎　終生海軍
綿貫吉直　警視副総監、元老院議官

なお、立花壱岐、十時兵馬、池辺亀三郎、十時一郎は出仕を請われるも辞退。特筆すべきは古賀十郎であるが、弾正台大巡察に任官するも、国事犯（大楽源太郎の反政府煽動事件に関与）として刑死する。

明けて明治二年、祐準二十六歳の年であるが、彼はまだ独り身であった。食事やら何やらの身の回りの世話をする人間が必要となった祐準は、書生と従者を雇い入れた。書生は、佐藤鎮《しげ》雄《お》（後に海軍少将）、従者は高石静治（柳河脱藩後、彰義隊士）という柳河人であった。男三人は、以前から馴染みの衣棚町の「赤尾」という料理屋兼下宿屋で寝起きしていた。

それでも金が余ったので、金装飾の太刀一振りを購入したというから、相当の高額所得であったようである（自叙伝には、月給が三百両〔一八〇〇万円〕とある）。慶応二（一八六六）

年の外遊の折に借金した百両も、この頃返済したようである。

また、兵庫で取引のあったアメリカ人から、栗毛の洋馬一頭を贈られたりと、祐準の生活は豪奢なものに一変する。ただ、この洋馬を軍務官知事の嘉彰親王へ贈呈するのだから、祐準の「世渡り術」はなかなか大したものである。今風にいえば、取引相手の外国人が賄賂として贈った「外車」を、そのまま直属上司用の賄賂として利用したようなものである。薩摩、長州、土佐それに佐賀の藩閥の中で、逞しく世渡りするためには、このくらいの「したたかさ」が必要であったのかもしれない。

新政府に任官された多くの柳河人が、短期間のうちに帰柳した理由は、恐らく藩閥間のドロドロした人間関係に嫌気がさしたためであろう。

正月の二日には、謹賀の参内も忘れない祐準であった。正月休みには新政府への建言書を書き終え、寺町通り竹屋町の横井小楠に見てもらう予定だったが、訪問予定の五日、あいにくと風邪で寝込んでしまう。

その日の八つ半（午後三時）頃、従者の高石が駆け込んで来た。

「先生、大変でございます！」

「何事か？」

祐準は、咳をしながら床に起き上がった。

「丸太町で、暗殺事件が！」

「何!」

祐準は、身支度もそこそこに、高石を伴い現場へと駆け付けた。

「あっ!」

と祐準と高石は叫んだ。

駕籠脇に、抜き身の脇差と筵に覆われた小楠の痛々しい遺骸があった。享年六十一歳であった。門人の一人宮川小源太が震えながら佇んでいた。検死役人や朝廷からの使者の姿もあった。

祐準は咳き込みながら、高石を促し衣棚町の下宿へ戻った。冷えた身体を暖めるために、燗酒を二人で煽った。

「逆恨みも甚だしい。尊皇攘夷派のわからず屋め!」

祐準は、吐き出すように呟いた。

後に判明するのだが、襲撃したのは、十津川郷士前岡力雄、中井刀根男、大和郡山藩士柳田直蔵ら六名の刺客であった。

柳田が携えていた斬奸《ざんかん》状には、

「新政府の開国政策、文明開化と称する欧化政策、特に天主教(キリスト教)の布教許可の元凶は横井平四郎(小楠)にあり。よって、天誅を加えるものなり」(要約)

と書かれていたのだが、まさに「言いがかり」と「逆恨み」もよいところである。小楠とキリスト教の接点はないのである。

小楠の通夜は、翌六日しめやかに行われ、七日に葬儀が執行された。遺骸は南禅寺境内の天授庵に葬られた。祐準も、葬儀に参列して「巨星の死」に瞑目した。

十九日に、紫宸殿前で催された新年の舞楽を観覧することを許された折、祐準は小楠に披見してもらう予定であった建言書を岩倉具視へ上奏する。

この頃の御所親兵は、旧大名の一万石につき親兵十名（柳河藩では一二〇名）が徴兵（一種徴兵）されていたのだが、奥羽越戦の終結によって、ほとんどの藩兵たちは帰藩していた。残っていた親兵は、十津川、山科、八幡神社、多田家の郷士（南北朝以来の忠臣）ぐらいであった。すなわち、まだ正式な「近衛兵」も組織されない状況であった。

当時、参与（後に参議）の木戸孝允（桂小五郎）は、明治政府のその後の近代的中央集権化、すなわち版籍奉還と廃藩置県、さらに徴兵制の確立に腐心していた。また、議定の岩倉具視も、近代国家としての明治政府の「屋台骨」構築の具現化を模索していた。

二月二十一日付の祐準から柳河の立花壱岐宛の書簡がある（河村哲夫『志は、天下』五〔海鳥社、平成七年〕より）。

一昨日の（二月）十九日、軍務意見建白書一冊を携えて、岩倉輔相に拝謁し、談論を交わしているうちに時事問題に話題が及んだ。終って失礼しようとすると、岩倉公が「子は柳川の生れだったな。だったら立花壱岐を知っておろう」といわれた。僕は「もとより存じております」と申し上げた。岩倉公は「壱岐はかつて余に数冊の書を残した。余はこれを読んで大いに感激した。その立論は遠大で、理論は明瞭であり、大道と常義が常に中庸いたし、余は一度直接会って、その教えを受けたいと思った。余は毎日毎日その上京を望んでいる。先だっては執事を遣して大坂の柳川藩邸にこの意向を伝えた。また宮中で池辺（藤左衛門）に会った際にも必ず上京させるよう促した。それればかりではなく、執事の某を十時兵馬のもとに遣わして壱岐の速やかな上京を強く要請した。今、たまたま子に会った。子にお願いする。余のためにこの気持ちを壱岐に伝えよ」といわれた。僕は「殿下が壱岐と会見なされようとするのは、必ずや朝廷のためでございましょう。だったら朝廷の命令で呼び寄せられたらいかがですか」と答えた。岩倉公は「いや、朝廷の命令を出せば、直接朝廷で任用せざるを得なくなってしまう。余が壱岐を招く理由は、それとは別にある。そのおよその訳を話そう。余は今病気に罹っている。公務多忙のため養生する時間はないが、三月の初めから三十日間暇を作り、湯治のため有馬温泉に行こうと思っている。思うに、この湯治の期間は京都の生活に比べたら、断然暇であろう。この間はのんびりと暮すことができる。在京の日は一日中忙しく、たとえ壱岐を側におらせたとしても、おそらくゆっくりと話すことはできぬであろう。また壱岐も病気だと聞いている。共に有馬温泉に赴き、湯治することができるなら、望外の幸せというものである。どうか余のために考えてくれぬか」といわれた。僕は「殿下が壱岐を望まれているお気持ちは十分にわかりました。壱岐はあるいは応じるかもしれませんが、書いたものだけではおそらくその本当のお気持ちを伝えることはできないでしょう。願わくば、それなりの人物を選び、直接伝えるようにいたした方がよろしいかと考えますが」と答えた。岩倉公は「そうしてもらえるならば、一番有難い」といわれた。そこで僕は、在京の藩士のうち誰がいいか考え、梶山氏を思い付いた。よって次のように答えた。「それなりの者がいました。殿下がそれを望まれるならば僕はそれで藩邸の役人と相談するだけのことでございます」。それに対し、岩倉公は、「柳川が近かったら、余が直接出向いて朝廷のために三顧でも五顧でもいたしたであろう。遠距離であるため余が自ら出向いてお願いすることができない。余はすぐに手紙を書いてこれを使いの者に持たせようと思う。そのあたりのことを、どうか十分に検討してくれ」。このため僕はただちに辞して京都藩邸に参り、中老の十時兵馬と協議した。中老は僕の意見に同意し、ついに梶山氏を使者として柳川に派遣することが決定され、僕は宿舎に帰った。昨日の二十日、再び岩倉邸に参り、岩倉公に拝謁して使者が決定された経緯を申し上げ、壱岐をお招きになられるための自筆のお手紙をいただきたいとお願いした。岩倉公は「公務多忙で、来客がひっきりなしに訪れるため、手紙を書く暇がない。今晩か明朝書いて、子の宿舎に送ろう。それを使者に持たせてくれ。併せて使者を手配してくれたことに大層感謝する」と申された。僕は岩倉邸を退出した。今日、二十一日の朝、岩倉公の執事が包みを持ってきた。開いてみると、中に岩倉公の壱岐君に贈るという封書と、使者の路銀五十両、それに執事の僕に宛てた手紙が入っていた。僕はただちにこれらを梶山氏に持たせて、出発させた。

以上、取り急ぎしたためました。もとより岩倉公の心情を十分に尽くすことはできません。岩倉公も公務多忙でその封書も極めて簡略に書かれており、そのお気持ちを十分にい い表わしたものとはいえません。どうかよくよく御明察いただきますよう伏してお願いいたします。

明治二年己巳春二月二十一日　　　　　　曾我準造祐準　謹言

壱岐は岩倉からの処遇に感激し、ついに病を押しての上洛を決意する。壱岐が大坂に到着したのは三月十五日のことであった。

四月一日、壱岐は公式に御所の岩倉に拝謁し、国是の大基礎を進言するのである。その要点は、「版籍を政府に納めさせ、天下を以て一家となし、廃藩置県を断行し、有能者を選んで各県に任命する。奥羽戦も終わった今が絶好の機会である。でなければ、日ならずして藩党の禍が起こる」という、まさに岩倉が躊躇していた決断を後押しする、期待通りの建言であったのである。

その頃、祐準の日常が一変する——。

三月になって、祐準は京都を引き払い東京へ向かう。供は、書生の佐藤、執事の高石、若党二人、それに洋犬一匹、他に政府吏員多数であった。というのは、明治天皇の再東幸の「先発」という大役を拝命したことによる。朝廷の御用道中であったため、途中の東海道筋の旧大名家の使者から送迎されることもあった。

祐準十九歳の文久二（一八六二）年、里芋ばかり食した江戸行きとは大違いで、祐準は大駕籠に乗る「高級官僚」の身分に昇進していたのである。

東京での宿舎は、駿河台甲賀町の広大な官舎（旗本屋敷跡、明治大学北敷地）が準備されていた。敷地内の長屋も大きく、随行の吏員多数が寝起きする宿舎としてもうってつけであった。祐準は、この屋敷で、大坂勤務となるまで一年ほど生活することとなる。

かくして、懸案であった明治天皇の「東京遷都」が実現するのである。

すでに、京都の軍務官は東京の和田蔵門内の元会津藩邸に移され、四十五歳の大村益次郎が副知事（知事は小松宮嘉彰親王）として全権を握っていた。三月十七日、この東京軍務官に出頭した祐準は、大村から「海軍並びに諸艦船取扱管轄」の辞令を受ける。

新政府の抱えていた難件は、外交、財政、それに軍政であったが、外交については横浜における岩倉らと英米独蘭伊との交渉で国外中立解除が実現し、財政については「太政官札」の発行で急場を凌いでいた。

残るは、「軍制改革」のみであったのである。大村が目論んだ改革は、

一　兵部省（陸海軍省）の設置
二　海陸兵学寮の建設
三　陸軍屯所（兵営）の建設
四　銃砲火薬製造所の建設
五　軍医病院の設立

という五大綱目の実現であった。

この大村益次郎と東京で邂逅したことは、その後の祐準の運命を大きく左右することになるのだが……。

その頃、箱館追討のため、陸海の政府軍が大挙して蝦夷の地を目指していた。

三月二十五日、劣勢にあった旧幕軍は、ある作戦に出る。宮古湾（岩手県宮古市）に停泊中の新政府軍旗艦甲鉄に接舷して乗り込み、これを奪い取るというものであった。結果としてこの作戦は失敗に終わるが、これをきっかけに箱館戦争は激しさを増していく。

この宮古湾の海戦の詳細は、ただちに東京軍務官の小松宮知事と副知事の大村益次郎のもとへ報告され、祐準も知るところとなる。

祐準は、まだ一度も実戦の経験がなく、いわば「海軍の事務畑」しか歩いて来ていなかった。

しかし、兵庫出張所での艦船買い付けやその乗艦員の斡旋のキャリアから、政府艦隊が寄せ集めの烏合の衆でしかないことを十分に認識していた。一方の旧幕海軍は、長崎海軍伝習所や、その後の築地海軍教授所（後に軍艦操練所）、神戸海軍操練所で学んだ熟練の「海の男たち」で編成されていた。両者の技量の差は、歴然としていたのである。

箱館政府の総裁榎本武揚は、勝海舟と共に長崎海軍伝習所で学び、後にオランダへ留学して、旗艦であった開陽丸を兵庫へ回航して来たその当人であった。その開陽丸と高雄の二艦を失っていたが、箱館港の旧幕海軍の主力艦船は未だ健在であったのである。

青森口総督府海軍参謀

宮古湾の海戦が報告されたその日、祐準は軍務官副知事の大村益次郎の執務室にいた。

「閣下、実はお願いの儀がございますが……」

「?……」

「宮古湾での回天による甲鉄奪取決行を知り、いても立ってもおられなくなりました。蝦夷討伐の作戦にぜひにも参加させて頂きたく存じます」

「そうか、青森から箱館への兵員渡海作戦の決行も近いので、曾我君にも行ってもらおうか……。清水谷（公考《きんなる》）総督には山田（顕義《あきよし》）さんを陸軍兼海軍参謀として付けているのだが、増田（明道）君は甲鉄艦上にあるし、青森側での物資輸送や艦船の斡旋業務も本格的になることだし、ぜひとも青森に赴任してもらいたい。人手不足なので、助かったよ」

「はっ、では早速にも準備します。有り難うございます」

「あっ、そうだ。曾我君の手づるなら兵員輸送の外国船を手配できないだろうか？」

「わかりました！　懇意の異人がおりますので手配いたします。その船で私は青森へ赴任いたします」

「よかろう。辞令は四月十日付にしておくよ。では、頑張ってくれ」

かくて祐準は、津軽海峡兵員輸送用のアメリカ汽船ヤンシー号に乗船して、イギリス汽船オーサカ号と共に青森に赴任する。ヤンシー号もオーサカ号も共に、武器弾薬を売り込む目的で来日した商船で、両船長は売買契約を結ぶ時、政府軍の輸送を約束してくれたのである。

四年前の慶応二（一八六六）年から三年にかけて決行した約八カ月間の外遊以来、祐準は久しぶりの「船上の生活」に心が躍った。

懐には、

曾我祐準
青森口総督府付海軍参謀申付候
明治二年四月十日　　軍務官知事　小松宮嘉彰

の辞令を携えていた。

前年の十月、旧幕軍が噴火湾に面する鷲ノ木（現茅部《かやべ》郡森町）へ上陸したことにより、箱館府（五稜郭箱館奉行所跡）の清水谷公考知事は府庁から退き、青森港南西四里半（約一八キロ）の浪岡で謹慎していた。その後、幕艦の青森港への入港などによって、清水谷らはさらに南方二里（約八キロ）の黒石まで撤退していたが、東京からの使者が清水谷に蝦夷征伐青森口総督に任じられたことを伝える。

清水谷は、処罰を免れた上に総督に任官したことに驚喜し、再び黒石から青森へと戻る。そして、その総督府と定めたのが、港からほど近い常光寺であった。

四月十日、祐準の乗ったヤンシー号と随行のオーサカ号が初夏の陽光に輝く青森港に到着したのは、昼八つ（午後二時）頃であった。祐準は、海軍参謀付の綿貫吉直（敬太郎、英隊大砲隊員）と執事の高石静治を伴っていた。

港周辺は、渡海予定の藩兵たちでごった返していた。二隻の船は外国船籍であるため、二人の船長は簡単な臨検を受けなければならなかった。乗船して来た二人の役人の一人は、堀達之助と名乗る通訳であった。もう一人は、鈴木知四郎という元箱館府の吏員であった。

堀の英語力はたどたどしかったが、祐準の介添えもあって、どうにか臨検は無事に終了した。二人の船長は上機嫌であったが、物静かな通訳堀の表情には、どことなく愁いの影が滲んでいた。

「鈴木さん、堀さん、世話をお掛けいたしました。有り難う」

と祐準が武器弾薬売買契約書を鈴木に手渡しながら挨拶をしても、

「こちらこそ、造作を掛けました。これも役目ですので……」

と鈴木は応えたのだが、通訳の堀は無表情に低頭しただけであった。

その後、祐準は下船して、鈴木と堀の案内で総督府に定められていた常光寺へと赴いた。本堂奥の総督執務室に通された祐準と綿貫は、直立不動の姿勢で、清水谷に辞令を手交した。

「東京から参りました曾我祐準及び参謀付の綿貫吉直でございます。よろしくお願いいたします」

「東京の大村さんから、あなたの赴任の知らせを受けていました。第二軍の輸送船が不足していたのですが、お陰で助かりました。それに、武器弾薬も補充しなければと思っていたところです。今後とも、お力をお貸しください」

と清水谷は祐準の着任とヤンシー号、オーサカ号の青森入港を歓迎してくれた。

吏員の鈴木と堀は、終始控えめであった。

「では、宿舎の旅籠へ……」

と祐準と綿貫、そして高石は総督府指定の旅籠に案内され、二人の吏員と別れたのだが、祐準はなぜか通訳堀達之助のことを忘れることができなかった。堀の眼差しは、祐準が今まで一度も出会ったことのない、「運命に抗わない、悟りに達した仏のような不思議な眼差し」であった。

吉村昭氏の『黒船』（中公文庫、平成六年）によると、この堀達之助は、もともと長崎出島の名門オランダ通詞の出自であったが、時あたかも幕末外交の最前線の出島、浦賀奉行所、下田奉行所、蕃書調所（元洋学所）、箱館府、陸奥大湊《おおみなと》会所、そして青森総督府と、通詞と通弁を務めながら全国各地を転々とし、数奇な運命に弄ばれた人物である。

気の毒なのは、「伝馬町入牢」という汚点で、それは下田奉行所在勤の折、グレタ号で下田に入港して来たドイツ商人のリュドルフが堀に託した下田奉行宛の日独通商嘆願書を堀が隠匿したという罪を問われたのであった。堀の言い分は、「リュドルフがドイツを正式に代表する者でなく、嘆願書が国際的に通用する書式でなかったので、手元に預かっていた」というのだが、堀はリュドルフから時計二個と望遠鏡を受け取り、太刀一振りと数枚の小判・銅貨の貨幣類を贈答していたことから「贈収賄」の後ろめたさがあり、抗弁できなかったのである。

この時四十六歳の堀は、大湊の宿舎徳玄寺の住職の姪に当たる三十四歳の美也という寡婦と夫婦の約束をしていた。美也は二人の連れ子を持つ身であったが、大湊在勤という縁によって二人が相思相愛の間柄になったことは、単身の堀（長崎での妻は病死）にとって、唯一、生きる支えになっていたのである。

もちろん、青森に着任した祐準は、このような堀達之助の経歴を知るはずもなかったのであるが……。
話が脇道にそれてしまった。常光寺内参謀本部詰めの祐準の話に戻りたい。
蝦夷征討の第一軍（長州・福山・弘前・徳山・大野・松前の六藩）が青森北方十里（約四〇キロ）の平館《たいらだて》から津軽海峡を渡海したのは、四月八日のことであった。陸海軍参謀の山田顕義に率いられて、一五〇〇の兵は、翌九日には江差北方三里の乙部に上陸していた。
参謀山田は、兵を三分して、
第一隊は、海道から江差へ
第二隊は、山道から二股口（土方歳三布陣）へ
第三隊は、熊石へ
と進軍した。
この時、榎本らの旧幕軍は、回天・蟠龍・千代田形を箱館港に、長鯨・鳳凰を室蘭港に配して、
五稜郭に八百人　箱館に三百人
松前に四百人　江差（松岡四郎次郎布陣）に二五〇人
福島に一五〇人　室蘭に二五〇人
鷲ノ木に百人

その他、砂原、川汲《かつくみ》、有川、当別《とうべつ》、矢不来《やふらい》、木古内《きこない》（大鳥圭介布陣）にも兵を分散して、政府軍の侵攻に備えていた。兵員の総数は約三千人で、艦船保有数は八隻であった。

緒戦においては、政府軍は幕軍の所有するスペンサー銃とスナイドル銃の攻撃によって、各地で敗走した。幕軍は、この緒戦で三万五千発の弾薬を消耗したという。奥羽戦のように時代遅れの火縄銃を相手にするのとは、勝手が違ったのである。

かくして、四月十二日には、第二軍（長州・津・備前・久留米の四藩）の約六百の兵が青森から江差へと渡海を果たした。

第一隊の長州と備前は、稲倉石へ

第二隊の津と久留米は、松前へ

と進軍したが、政府軍は再び苦戦を強いられた。

参謀の山田は、さらなる援軍を青森の参謀本部に要請する。これに応えて編成されたのが第三軍（薩摩・長州・水戸・備前・久留米・福山・弘前・徳山・松前の九藩）で、兵員数は三千余名であった。

常光寺内の参謀本部は、連日もたらされる密偵からの「政府軍苦戦」の知らせに、疲労と苦渋の色が広がりつつあった。

四月十五日、第三軍は総督府参謀の黒田清隆、太田黒惟信《これのぶ》に率いられて渡海し、江差に到着したのは、十六日のことであった。

渡海前日の作戦会議の折、

「黒田参謀、太田黒参謀！　私もぜひお供をお願いします」

と祐準は両参謀に食い下がったのだが、

「曾我君、あんたが青森にいてくれないと参謀本部はカラになるではないか！　すまんが、堪えて残ってくれんか？　あんたの出番は、これからいくらもあるはずだよ」

とにべもなく拒否されたのである。祐準は、やむなく総督府の留守番役に甘んじざるを得なかった。

江差に上陸した黒田は、この第三軍の兵三千余名を四隊に分けて、木古内、二股、安野呂、松前へと進撃。かくて、政府軍の一斉進撃により、戦況は次第に政府軍有利に展開していくこととなる。

この日、祐準は肥後の一個小隊を木古内沖の甲鉄に移送するためにヤンシー号に乗船していた。ところが、海岸近くで、ヤンシー号はアメリカ砲艦のアルスチック号に停船させられたのである。理由は、ヤンシー号の局外中立違反であった。祐準は、

「ここは戦場の三里以内ではないのに、貴官に本船を停める権限があるのか？」

と激しく抗議した。

しかし、艦長は、

「中立違反の乗客には下船して頂く！」

と頑として退去命令を撤回しなかったのである。やむなく、祐準と肥後藩兵は随行の和船へと移乗せざるを得なかった。この時期、アメリカ海軍は局外中立を頑なに遵守していた。一方、イギリス海軍にあっては、榎本海軍を牽制したり、箱館港の海図を甲鉄艦長の中島四郎に贈呈するなどの新政府への積極的軍事支援を行っていた。つまり、両国の局外中立の撤回認識に誤差があったのである。

一方、木古内方面では、両軍一進一退の激戦の後、幕軍は五稜郭へと退いた。

二十九日になって、政府軍の陸海からの攻撃は一層熾烈になっていた。この日の夜、すべての幕軍は五稜郭へと敗走した。

五月一日、榎本らに随行していたニコールら十名のフランス人将校たちは、箱館港に停泊中のフランス船籍のコエトロゴン号で密かに脱出。祐準らの総督府側の斡旋によるもので、日仏外交上の配慮であった。

五月七日、早朝から政府艦隊は再び箱館港へ進入し、残る回天、蟠龍との決戦に挑む。蟠龍は機関の故障で航行ができず、回天一隻が政府艦隊五艦に応戦するも、甲鉄からの被弾のために、ついに自ら浅瀬へと乗り上げて「浮砲台」と化すこととなる。この頃から、幕軍兵の逃亡が増えてきたというが、体勢挽回の不可を悟っていた榎本は、これを制止しなかったという。

五月十一日、箱館及び五稜郭への総攻撃により、箱館市街は政府軍に制圧された。

十六日、政府軍は、五稜郭を包囲したまま攻撃を控えていたので、この隙に旧桑名藩主で京都所司代の松平定敬（会津松平容保の実弟）と旧幕府老中の板倉勝静（旧松山藩主）らも、旧幕兵たちも、続々と五稜郭から脱出を図った。

榎本は、切腹を図るも陪臣に押しとどめられ、五月十七日に降伏を決意する。翌十八日、黒田清隆、増田明道らが五稜郭に入城して、ここに箱館戦争は終結することになる。

この戦いで、政府軍側では、十三藩の七千余名の兵と艦船十隻を動員して、死傷者は七百七十余名に及んだという。また、艦船朝陽を失っていた。対して、幕軍側では、三千余名の兵と艦船十一隻を動員して、死傷者四百名、降伏一三〇〇名、逃亡などの行方知らず一三〇〇名であったという。そして、長鯨、鳳凰以外の九隻の艦船を失った。

ところで、総督府付参謀の祐準は、渡海作戦終了と政府軍有利の知らせを受けて、四月二十七日になってから、清水谷総督らと共に青森を発し、江差に総督府本営を置いた。その後、戦況の好転・進捗と共に本営を泉沢に移し、五月十三日には有川へと移動して、十八日に五稜郭内の元箱館府に落ち着く。

五稜郭内の執務室で、「箱館脱賊追討手記」をまとめていた祐準のもとを、二人の海軍士官が訪れた。

「祐さん、いや曾我参謀！　お懐かしうございます」

「先生！　ご無沙汰をしておりました」

二人の男は、祐準の前で直立不動の姿勢で挨拶をした。

「廣さんに岡君ではないか！」

祐準は懐かしの笠間廣達と岡啓三郎の予想もしなかった訪問に仰天した。

三人は、手を取り合って互いの無事を喜んだのである。

「千別丸が柏崎で破船したと聞いた時は、本当に心配したよ。その後、政府の艦船に乗っていることまでは承知していたが、どの艦に乗っていたんだ？」

「はい、岡君共々朝陽丸の三等士官として乗艦していました。なあ、岡君……」

「では、十一日の蟠龍の攻撃で沈没した朝陽に？」

「そうです。運が悪いのか、私と岡君が乗る艦はよく沈むんです」

「そんなこともあるまい。二人とも助かっているじゃないか。むしろ強運なんだよ」

すかさず、笑顔の岡が、

「海に投げ出された時は死ぬかと思いましたが、子供の頃の城堀での水練のお陰で、どうにか助かりました。ねえ、笠間さん」

と言った。三人は、柳河城を囲む城堀を思い出していた。

「で、二人とも、まだ海軍を続けるつもりなのかい？　私は東京でやらなければならん仕事が山とあるんだが……」

「柳河のことも気掛かりなんですが、私も岡君も海軍を続けるつもりです」

「そうか、頑張ってくれ。何かあったら力になれると思うので、会津屋敷跡の軍務官へ連絡をしたらよい」

この笠間廣達と岡啓三郎は、終生「海軍畑」を歩み、特に笠間は後に海軍大佐へと昇任して、軍艦孟春（イギリス製、三五〇〇トン）、比叡（イギリス製、二二〇〇トン）の艦長を拝命することになる。柳河人に「海軍さん」が多いのは、曾我祐準や笠間廣達の人脈が海軍にあったためであろう。

なお、佐賀県伊万里市城山に「海軍大佐笠間君招魂碑」が残されているが、明治七（一八七四）年の「台湾の役」における笠間大佐の功績によるものである。


ところで、五月二十日、清水谷は参謀の増田明道を東京の軍務官へ派遣して、蝦夷平定を報告させる。清水谷は再び箱館府知事に返り咲くこととなるが、榎本、大鳥、松平、荒井、沢らは五月末、肥後藩兵に守られ、東京丸の内の糾問所監獄へと護送される。

この時の護送の大役を命じられたのが祐準であった。そして、船中で榎本らの世話をすることにより、祐準は榎本らが高徳の武人で、しかも新政府にとって今後有為の人材であることを見抜くのである。

軍務官に復職した祐準は、副知事の大村益次郎に榎本らの減刑を嘆願するのであった。黒田清隆もやはり榎本らの減刑嘆願の運動に奔走し、その意気込みは丸坊主になるほどであった。これは、五稜郭総攻撃の前に、郭内の負傷者二百余名を湯の川温泉に避難させたり、黒田に対して『海律全書』二冊を贈るなどの榎本の行為に、黒田自身がいたく感服していたためである。その『海律全書』には、

「別本二冊、釜次郎（榎本武揚）和蘭留学中苦学いたし候海律、皇国無二の書に候はば、兵火に付し烏有と相成り候段痛惜いたし候間、ドクトルより海軍アドミラルへ御贈り下さるべく候」

の一書が添えられていた。

後日談となるが、黒田、大村、祐準による減刑嘆願が功を奏して、榎本らは明治五年に出獄する。榎本は、出獄の二カ月後には蝦夷開拓使四等吏員として再び北海道へ赴く。明治二十一年には、黒田内閣の逓信兼農商務大臣を拝命するまでとなる。

なお、大鳥圭介は朝鮮公使として、明治政府の外交に手腕を発揮することとなる。

大村の死

箱館戦争終結後、明治政府にあっては、かねてからの懸案事項であった版籍奉還と、その直後の官制の改革が断行される。

二官六省が設置され、兵部省の長官である兵部卿に小松宮嘉彰親王が任官した。そして大村益次郎は兵部大輔（次官）となり、陸軍をフランス式に、そして海軍をイギリス式にと、新しい国家に相応しい軍備を整え、兵制改革を積極的に推進するのだが……。

ここで、大村益次郎について触れたい。大村は、周防国吉敷郡鋳銭司《すぜんじ》村（現山口市）で代々医者を務める「三反百姓」の家に生まれ、幼名を宗太郎といった。後に村田蔵六、さらに祖父の通称である良庵と名を改めている。慶応元（一八六五）年になってから、大村益次郎と改名する。

十八歳の時に、蘭学医の梅田幽斎のもとで洋学を学び、さらに日田の広瀬淡窓の私塾「咸宜《かんぎ》園《えん》」で儒学を学んでいる。その後、大坂の緒方洪庵の「適塾」で五年間学び、塾頭になっている。この時の同門に、橋本左内、大鳥圭介、福沢諭吉、佐野常民、長与専斎たちがいた。

嘉永三（一八五〇）年に適塾を辞した蔵六は、良庵と名乗り、郷里で医者を開業するが、さっぱりはやらなかったという。その理由は、人付き合いが下手であったことによる。

このような蔵六を取り立てたのが、宇和島藩の伊達宗城《むねなり》であった。知行百石で蘭学と兵学の教授として招聘されたのであった。

安政三（一八五六）年、宗城の参勤に随行して東上した蔵六は、江戸番町に「鳩居堂《きゆうきよどう》」という私塾を開く。この時の門弟の一人に久坂玄瑞がいた。

その後、幕府の蕃書調所（洋学所）の教授手伝、講武所の教授を歴任する蔵六の活躍を知った桂小五郎（木戸孝允）らが、藩外への頭脳流出を惜しみ、彼らの斡旋によって、蔵六は晴れて長州藩士となる。

蔵六は、藩校「明倫館」の兵学寮総監として、ひたすら長州藩の軍制改革と軍事力の拡充に努めるのである。蔵六は常々、

「兵は縦に養うて、横に使わなければいかぬ。つまり、平時は兵員を少数にし、有事の際に増員、つまり、武士階級の兵だけでなく、民兵制を導入しなければならない」

と言って、上海まで武器弾薬を買い付けに行き、農・町民の志願兵の訓練を実施する。

この蔵六の考えは、後の「徴兵制」の骨子となるもので、「兵となる優秀な人材を少数選抜して、服役期間三年（曾我の献策案）を課して、現役終了後に生業に就かせつつ、予備役の兵として年々兵員数を備蓄していく」と、具現化されていくのである。

やがて、慶応二年六月の長州再征に当たり、大村益次郎と改名していた蔵六は、芸州口・石

州口を守る参謀として、幕軍をいとも簡単に撃退する。自らも前線に立ち、

「鉄砲の弾ちゅうものは、めったに当たるものではなく、隠れていても運が悪ければ命中するものじゃ」

と頭脳明晰であることはもとより、剛胆な一面も持った人物であったという。

明治二（一八六九）年の五月、五稜郭の榎本武揚らが降伏して戊辰戦争は終結したが、その年の六月に、益次郎の献策によって戊辰戦争での戦没者三五八八柱の御霊を祀る「招魂社」（靖国神社の前身）が九段坂上に創建される。

昨今、何かと物議をかもしている靖国神社の境内に大村益次郎の銅像が立っているのは、この時の彼の献策の縁によるものである。

話を本筋に戻そう――。

この年（明治二年）の七月、兵部大輔に任官した大村は、懸案だった兵制五大綱目の具現化に着手する。

彼は当初から、兵学寮を大坂城郭内に、軍医学校を大手南門に、大砲製造所を中黒門に設置することを目論んでいた。しかし、火薬製造所については、暴発の危険や水利の利便性から、その設置場所を決めかねていた。そこで、大村自らが、大坂の視察と火薬製造所の建設地の特定を兼ねて、現地入りしたのであった。

淀川筋を視察した大村は、枚方《ひらかた》の姥ケ懐《うばがふところ》（現大阪府枚方市）を火薬製造所の候補地と決定して、その足で京都入りした。上機嫌の大村らの調査団は、京都三条木屋町の旅籠に滞在して、さらに調査を続行していたが、九月四日の夜、くつろいでいた大村らを一団の刺客が襲うのである。

刺客は、神代直人らの長州、越後、秋田の不平浪士たちであった。彼らは戊辰戦争を転戦した後の疎外感から、兵制改革、とりわけ武装解除（廃刀令は明治九年）に激しく反対していた。事件後、容疑者として捕縛された長州脱藩浪士の大楽源太郎が、釈放後に旧柳河藩主の鑑寛、さらに久留米藩主をも巻き込む「大楽事件」を引き起こすこととなるが、それは明治四年のことである。

同席の友人らは加茂川へ逃れ、大村は深手を負いながらも風呂場へ逃げ込んで、とどめを刺されることはなかった。しかし、傷口から入った細菌により敗血症に罹り、大坂の病院へ移送され、オランダ人医者のボードインの手で右足を切断され治療を受けるも、二カ月後の十一月五日に死亡する。享年、四十五歳であった。

常々、大村は、祐準や当時海軍主任であった肥前の佐野常民（長崎海軍伝習所二期生、日本赤十字社を創立）に対して、

「日本の軍部の中枢は、大坂だよ」

と断言していた。佐野が、

「中枢部は、奥羽に置くべきではないのですか?」

と反論すると、大村は、

「奥羽は、十年や二十年内に頭をもたげることはないよ。今後、注意すべきは西南の方角だよ。それを牽制するためには、どうしても大坂に中枢部を置いておかねばならんのだよ。必ずや、西南の地でひと騒動起こるはずだ」

と述べた。明治十年の西南戦争を予言するほどの炯眼の持ち主であったのだが、彼は軍制五大綱目の実現半ばにして、惜しくも凶刃に倒れたのである。

大村の後任となったのが、長州の前原一誠であった。前原は、大村の遺策五大綱目を受け継ぐことになるのだが、翌明治三年にドイツでの外遊から帰国した同じ長州の山県有朋(狂介)が兵部省少輔に任官した直後に辞職する。この前原が「萩の乱」(明治九年)の首謀者となる。


実は、二十六歳の祐準の身にも、大きな変化が訪れていた。

駿河台の甲賀町の広大な屋敷での、執事の高石や書生の佐藤、それに下僕二人と洋犬一匹との生活に見切りを付け、妻帯を決意したのである。

今や高級官僚となった祐準は、世間体もあり、大村の勧めもあって、八月のある日を選んで華燭《かしょく》の宴を催した。夫人の名は、録子《としこ》といった。

録子の出自については、祐準の自叙伝によると、「柳河士族石川揆一（重郎、英隊二番隊長）の養女、実は東京府士族（旧幕臣）安田庄司の長女」とあり、なぜに石川の養女という名目が必要であったのか、これはミステリーである。旧幕臣の娘であることが「禍」を招くと、祐準が恐れたのかもしれない……。よくある話として下世話な推量をするならば、甲賀屋敷の使用人であった録子に祐準が手を出したのかもしれない。

遠く柳河の母民子と兄祐正・歌子夫婦や西原家の駒子を招きたかったのだが、それも叶わず、宴は簡単なものであった。仲人を引き受けた大村の多忙な都合が最優先されたのであった。

大坂での大村の死の知らせに衝撃を受けた祐準は、自分が随行しなかったことを悔やんだのだが、妻録子の存在によって、祐準の計り知れない痛恨の思いは次第に薄らいでいった。

男ばかりであった甲賀屋敷は、録子のお陰で日に日に華やいでいき、祐準は録子との蜜月に無上の幸せを感じるようになっていた。

一般徴兵規則

大村の死で、兵制の改革が遅々として進まない明治二年も暮れ、祐準二十七歳の明治三（一八七〇）年となる。

正月元旦、祐準は、兵部省の吏員たちと共に東京城（皇居）の明治天皇に拝謁する。十九歳の天皇は、晴れやかな表情で一同にお声を掛けられた。

「皆の働きで箱館の戦が終わり、朕は嬉しく思う。今後とも、日本の守りを厳に固くと望んでおる。また、皆の幸多からんことを祈る」

淀みなく甲高いお声に、一同は深く辞儀をした。中には、感激のあまり目頭を潤ませる者もいた。

公私共に穏やかに暮らす祐準に、新たな辞令「御用有之大坂地へ被差遣候事」が下されたのは、二月初めのことであった。大村の遺策を本格的に具体化するための派遣であった。他に、山田顕義らが大坂在勤を命じられていた。

二月二十七日、東京発。

二十八日、横浜出航。

三十日、兵庫着。

三十一日、大坂着。

という旅程であった。大坂在勤が長期化することが予想されたため、祐準は官舎の甲賀屋敷を返納して、妻の録子それに使用人たちも同道させていた。中の島の元柳河藩邸大坂館を購入して、そこに居を構えた。

そして、祐準が最初に手掛けたことは、兵学寮と造兵司を大坂城内に建設し、指導者を集めて生徒を募集することであった。

大島貞右衛門という兵学者を筆頭に、フランス人の士官や蘭学者を集め、生徒募集にあっては、大藩四名、中藩三名、小藩五万石以上の藩二名、五万石未満の藩一名という割り振りを行った。

大坂兵学寮には、青年学舎と幼年学舎を併設して、一期生四六九名でスタートするのだが、これが後の士官学校と幼年学校へと繋がっていくのである。

ところが、当初、大村が枚方に予定していた火薬製造所は、宇治に変更され、ついに建設地は「白紙」に戻されてしまう。用地買収が難航したのである。

用地買収の終了をじっと待つというわけにもいかず、祐準は軍医養成に着手して、オランダ人医師のボードインとブッケマンを雇い入れ、緒方惟準《いじゅん》（洪庵の第二子で宮内庁初代侍医）、橋本綱常《つなつね》（福井藩医）の二人の蘭法医に運営を任せたのである。

建設された大坂城内の「軍医寮」には、松本良順（佐倉藩医で長崎留学時ポンペの弟子、初代軍医総監）や橋本綱継《つなつぐ》（綱常の実兄）、三浦煥《かん》らの顔があった。なお、橋本綱常は、後に東京大学医学部教授、日赤病院長を歴任する。兄の綱継は、大坂鎮台病院長となる。

いわば、この軍医寮は、その後の医学界をリードする蒼々たる逸材を輩出するのである。

三月中旬、多忙を極める祐準は、随員と共に武庫（後の兵器廠、被服廠）用地選定のために、八幡山、橋本を経て京都、宇治、枚方を視察する。

しかし、現地関係者は武器庫の設置に難色を示し、交渉は難航した。祐準はごり押しを避けて四泊五日の視察を切り上げた。

この年の暮れまでに、それまで思い思いの十人十色であった軍装が確定する。

歩兵は、紺色帽子に紺色上着（袖赤）、鼠色袴

騎兵は、赤色帽子に紺色上着（袖赤）、赤色袴

砲兵は、「野砲」と「山砲」別の帽子に紺色上着、赤色袴

なお、前年に軍旗の図柄は決定されていた。いわゆる後の軍艦旗の図柄である。

大村亡き後、彼の遺策は祐準の手で着実に具体化されつつあった。ただ、この時期、薩摩と長州間の藩閥対立が顕在化していた。兵部省内では、権大丞《ごんのだいじょう》に任官した西郷従道と兵部省大輔の前原一誠がことごとく対立していた。

西郷の入省は、長州に牛耳られていた兵部省を薩摩の手中に収めるための人事であると、噂しきりであった。

祐準の自叙伝に、次の記述がある。

　此の時分は前原氏が大輔であつたが、此の人は奇妙な人で、何事にも可否を云はぬ。其の上出勤も碌々しない。何か不平もあつたらしいが、是には閉口した。居宅に就き話して見たが、毎も不得要領に終る。

この頃の祐準が抱える難件は、民間人からの「一般徴兵」を策定することであった。

四月、柳河の母民子からの手紙を祐準は受け取る。懐かしい母の字で、「大坂へ参り、嫁の録子さんにお会いいいたしたし」と記されていた。

四月十日、民子と西原家の伯母駒子が、執事の高石の案内で到着する。民子は、五十五歳になっていた。慶応四（一八六八）年の四月、笠間廣達と共に藩船千別丸を大川若津港へ回航させた折に、慌ただしく坂本小路に立ち寄って以来、二年ぶりの母子の再会であった。

玄関の式台まで出迎えた祐準は、

「母上、よくお越しくださいました。さっ、どうぞお上がりになっておくつろぎください。伯母上もお疲れでございましょう」

と二人を招き入れた。

「思い切って出てまいりました。御用繁多なお前の帰国は、なかなか叶うまいと思いましてね……。それにしても立派なお屋敷……お大名並ですね」

「はい、この屋敷はもともと柳河藩の大坂館でございまして、藩も不要になり買い取ったのでございます。ところで伯母上、西原家の皆様にはお変わりはございませんか？」

と祐準は話題を変えた。

「お陰様で、皆息災にしております。娘の克子も嫁ぎまして、今は私一人だけの生活なんですよ」

「そうでしたか。それはお寂しいことでしょう」

祐準は、

（西原家の世継ぎはどうなるのだろう？）

と案じたが、

（世継ぎを心配する時代でもないか）

と密かに、気位の高かった克子の幸せを祈った。その時、民子と駒子が互いに目配せしながら、それぞれの包みを差し出したのである。

「祐準、これは録子さんへのお土産です。もう準備なされておられるかもしれませんが、母が縫いました。安産のための腹帯です。戌の日に着けて、安産を祈るのです」

そこへ、茶菓子を持参した賄いの小女に、祐準が言った。

「録子は何をしておるのだ。早くご挨拶をするよう、伝えてくれんか……」

「はい、奥様は今お着替えの真っ最中でございます。お腹が大きくなられて、お着物が合わないとおっしゃっておいでてございます」

「わかった」

と憮然とする祐準へ、今度は駒子が、

「祐準さん、実はこれは、吉田家の孫一郎様からお渡しするよう言付かった孔子様でございます。私たちが大坂へ参ることをお聞きになられた孫一郎様が、この孔子像は西原家からお預かりしたもので、晃樹さんが祐準さんに譲りたいと言っていた、というのでございます」

「確かに、しかし……」

「で、曾我家の祐正様にもご相談いたしましたところ、この孔子像はやはり祐準さんがお持ちになるのが一番相応しいということになったのでございます」

「なるほど……」

と祐準が母民子の表情を窺うと、民子も、

（そうしなさい）

と言わんばかりに頷いていた。

「ところで、孫一郎さんは今何を？」

すかさず、民子が答えた。

「昨年の六月から、お城の柳河布政所で小参事補というお仕事を十時一郎様とご一緒されておられるとか」

「そうでしたか……。昨年の版籍奉還（廃藩置県は明治四年）で、十時様も孫さんも大変でしょう……」

その時になって、やっと録子が大きな腹を抱えて座敷へやって来た。

「ご挨拶が遅れまして申し訳ございません。ご覧の通りの身重の身で難儀いたしております。……お初にお目に掛かります。録子と申します」

と大儀そうに手をついた。

「これはこれは、録子さん！　母の民子と、こちらは姉の……」

「祐準の伯母に当たる駒子でございます。末永いお付き合いをお願いいたします。で、産み月は？」

「はい、予定では七月と……」

かくて、曾我家の嫁姑の「初顔合わせ」が終了して、ホッとする祐準であった。

その夜、民子の話によると、兄祐正と歌子の間に三男が誕生したということであった。

「我が家は、祐義を頭に男ばかりの孫三人で、賑やかすぎて大変です」

と民子はこぼしたが、まんざらでもなさそうであった。

翌年のことになるが、兄夫婦に四男（廣友）が誕生する。この廣友は後に笠間廣達夫婦の養子となる。笠間夫婦が男子に恵まれなかったためである。

ところで、伯母の駒子が持参した安東省菴と朱舜水ゆかりの孔子像三体のうちのこの像であるが、

明国→長崎→安東家→（流出）→藩医西家→国学者西原家→中老職吉田家

そして、曾我祐準の手元から、さらに運命の「流転」を重ねることになる。

結局、民子と駒子は大坂に四十余日も滞在し、伊勢神宮の参拝や京都、大和、近江の各名勝地を見物して、五月十七日になって帰柳した。執事の高石と書生の佐藤が代わる代わる世話をした。祐準には、母と伯母の観光地遊覧の供をする余裕はなかったのである。

妻の録子が臨月を迎えた七月、祐準は九日付の辞令「御用有之東京へ被差遣候事」を拝命する。話が急なこともあって、家財道具を残したまま、妻の録子、高石、佐藤だけを伴い、大坂中の島を出発した。祐準のカバンの中には、あの孔子像があった。

七月十日、神戸で乗船。

十二日、横浜着。

十三日、下谷旧柳河藩邸着。

この年（明治三年）、前年の版籍奉還によって、旧柳河藩主の鑑寛は柳河知藩事として柳河布政所を預かる身であった。つまり、下谷藩邸は「主なき屋敷」であったため、甲賀屋敷を返納していた祐準は、やむなく下谷藩邸を借り受けたのである。

祐準のこの時の東京在勤は、兵部省における「畿内地方民間人徴兵」を試験的に実施するための試案決済を仰ぐ重責を帯びていた。

版籍奉還後の、「士族世襲兵の解体」「終身兵制の費用夥多の解消」、とりわけ「武力の中央集権化」「治安維持のための各藩の武装解除」を企図する明治政府にとっては、一般徴兵の断行が急務だったのである。

明治三年十一月十三日に兵部省大坂出張所から告示された「一般徴兵規則」は、次のような内容であった。これは、曾我祐準と山県有朋、他に西周の三人が秀眉を寄せて生み出した「日本軍政の一大改革」というべきものであろう。

・二十歳から三十歳までの身体剛健、筋肉壮健、五尺（一五一センチ）以上の者
・家主または一人子にて、老父母か不具の父母ある者を除く（免責規定）
・軍役はまず四年。帰郷する者には階級に応じて慰労金を支給する
・検査の上、軍役できぬ者は代人を出すこと

筆者は、現代日本の徴兵制施行に対して懐疑的な立場をとる者であるが、上記の規則には、なぜか共感を覚える。

この徴兵規則は、一万石につき五人の兵員数を想定したものであった。なお、祐準の徴兵に関する基本的な考え方は、「全国徴兵の法を取る時は、戦時即ち必要の時期には、平時兵員の四、五倍、若しくは六、七倍の多数の兵を出すを得べく、平時即ち不必要の時には、戦時より数倍少き兵を養ひ、費用を節するを得べし、是れ全国徴兵制の大主眼なり」（加藤陽子『徴兵制と近代日本』吉川弘文館、平成八年）というものであった。

実は戦前まで、旧制柳河高女校庭（現柳川市民会館敷地）に、郷土の偉人としての「曾我祐準子爵誕生之地」の顕彰碑があったという。しかし、戦後になってから、この顕彰碑は取り壊

戦前まで現在の柳川市民会館の地にあった曾我祐準顕彰碑（柳川古文書館蔵「井手（稔）文書」より）

されたという。やはり、明治草創期の軍制改革に携わった張本人として、郷土の地から抹殺されたのであろう。

七月十六日、下谷の旧柳河藩邸に「新しい生命」が誕生した。祐準と録子との間に生まれた長男の狛雄《こまお》（後の祐邦《すけくに》）である。

「狛」は、高麗すなわち朝鮮の意味で、この頃の祐準には「征韓論」を支持していた節がある。狛雄が成人する頃には、日本は朝鮮を統治しているだろう、という希望的観測があったようである。

そして、長女の章子が生まれるも早世（明治六年）。さらに、夏雄（早世）、越雄（祐光《すけみつ》）が生まれ、他に遼子、満子、龍江の三人の女児にも恵まれる。

長男祐邦のその後の略歴であるが、フランスへ留学し、砲兵中尉として伏見宮付武官、北清事変では第五師団付従軍、大正十四（一九二五）年に貴族院議員（子爵）となる。

実は、その夫人晃子《てるこ》（大正天皇の貞明皇后とは従姉妹同士）は、惜しくも四十七歳で早世さ

明治19（1886）年頃の家族写真（『伝記叢書42　曾我祐準翁自叙伝』〔大空社〕より）。左から，長女遼子，妻晟子，二女満子，母民子，二男祐光，長男祐邦，祐準

れた高円宮憲仁親王（三笠宮崇仁殿下の第三男子）の妃、久子妃殿下（香川県の旧家である鳥取滋治郎氏の第一女子）の母方の曾祖母に当たる。

その後、一般徴兵規則を上梓した祐準は、録子と長男の狛雄を東京に残したまま、再び大坂在勤となる。

この年の十月二十三日、祐準は兵部省兵部権大丞に任じられ、同日付で「正六位」に叙せられる。十一月、東京の録子と狛雄が、執事の高石に伴われて中の島屋敷へ戻って、祐準は公私共に幸せの絶頂期を迎えるのである。

ただ、明治十五年になって、陸軍参謀本部次長に任官した三十九歳の祐準は、一月に録子を離縁して、その年の九月には後妻の晟子《あきこ》を娶る。晟子の出自は、京都府華族の華園澤称《さわのしょう》の姉であった。

充実の日々

その後の曾我祐準の波瀾万丈の経歴を、その時代の軍制変遷と共に辿りたい。

◆明治四年（二十八歳）、九月に大坂鎮台の参謀長として陸軍大佐に任官。

この年の七月には、一使（開拓使）三府三〇二県の廃藩置県が断行される。なお、維新後の軍部組織は、矢継ぎ早に、軍防局→軍務官→兵部省という変遷を辿った。翌明治五年になって兵部省が廃止され、陸軍省と海軍省が独立する。

◆明治五年（二十九歳）、兵学権頭に任官。

◆明治六年（三十歳）、陸軍少将に任官。

この年の一月十日に、「徴兵令」が公布される。その要点は、以下の通りであった。

十七歳から四十歳を対象に、常備軍の服役が三年間で、第一・第二後備軍の服役を二年間とする。なお、免役（免責）条項として、身長五尺一寸未満者、不具廃疾者、官吏と医科学生、海陸軍生徒、官公立学校生徒、外国留学者、一家の主人たる者、嗣子と承祖の孫、独子独孫と養子、父兄病弱のため家を治める者、徒《ず》（懲役刑）以上の罪科者、徴兵在役中の兄弟、というように細かく規定されている。

注目に値するのは、代人料二七〇円を支払えば、常備・後備両軍服役が免ぜられる「代人制」（明治十六年に全廃）があったことである。

ちなみに、最初の常備兵の徴集人数は二三〇〇人で、翌年の明治七年でも一万四四〇〇人（壮丁数の五パーセント強）と、国民皆兵といいつつも、その徴集数は少なかった。その理由として、第一に「国家のために死ぬことが、当時の民衆に無縁であって、苦役を逃れたいという気持ちから忌避（戸籍の売買による免役条項の悪用）したこと」、第二に「太政官布告で、各府県宛に徴集数を一万五六〇人（明治三年の徴兵規則で一万石あたり五人であったことから起算）と布告したこと」が考えられる。この徴兵令はその後、富国強兵の名の下に目まぐるしく変更されていく。

なお、この明治六年の十月には、西郷、板垣、後藤、江藤、副島らが下野する（明治六年の政変）。

◆明治七年（三十一歳）、十月に陸軍士官学校（市ケ谷の旧尾張藩邸跡）校長に任官。
司馬遼太郎氏の『坂の上の雲』（文春文庫、昭和五十三年）に、次のような記述がある。

明治の日本は、戊辰国内戦争の砲声のなかから誕生している。それら戊辰から明治初年にかけて活躍する軍隊は、諸藩のいわば私軍であり、京都から東京に移った新政権は直属軍をもたなかった。軍隊をもたぬ革命政権というのは、それ以前もその後もないといっていいであろう。

その後、薩長土の三藩が藩兵を献上し、それを中核にしてすこしずつ「中央軍」が出来つつあったが、士官養成の制度はながく不備であった。陸軍士官学校というものが出来たのは、明治七年も十一月になってからである。同八年に第一期生を募集した。（秋山）好古《よしふる》がもしこの学校に合格するとなれば第三期生ということになる。

この士官学校には、歩兵・砲兵・騎兵・工兵の四つの兵科があり、第一学年で代数・幾何・三角・力学・理学・化学・地学と専門教練あった。第二、第三学年で兵学・軍政学・築城学・兵器学・地理図学・鉄道通信学を学ばせた。

◆明治八年（三十二歳）、七月に九年ぶりの柳河帰省。

◆明治九年（三十三歳）、中部検閲使を拝命。駿河台に総二階の洋式邸宅（建坪七十五坪）を起工。翌年に落成。
◆明治十年（三十四歳）、二月に西南戦争勃発。三月に西下し、四月に征討第四旅団司令長官として従軍。

この時の政府軍は、有栖川宮熾仁親王を征討総督として、山県有朋（陸軍の参軍）、川村純義（海軍の参軍）、野津鎮雄（第一旅団長）、三好重臣（第二旅団長）、三浦梧楼《ごろう》（第三旅団長）、そして曾我祐準（第四旅団長）、高島鞆之助《とものすけ》（別動第一旅団長）、山田顕義（別動第二旅団長）、川路利良（別動第三旅団長）、黒川通軌《みちのり》（別動第四旅団長）、大山巌（別動第五旅団長）という陣容であった。対する薩軍は、西郷隆盛を総指揮官として、篠原国幹（一番大隊長）、村田新八（二番大隊長）、永山弥一郎（三番大隊長）、桐野利秋（四番大隊長）、池上四郎（五番大隊長）、別府晋介（六・七番連合大隊長）が対峙したのであった。

『坂の上の雲』に、次のような記述がある。

明治十年当時、日本政府といったところで、この程度（陸軍卿の山県有朋自らが「参軍」となり戦線を指揮）のいわば小店であった。

「第三期生の入校どころか、前線の士官の戦死が相ついでいるために在校生（一期・二期生）を戦場に送ろうとしているらしい」

と、情報通の本郷房太郎が好古に教えてくれたのは、三月のはじめである。事実であった。

すでに三月二日には、第一期の歩兵科生徒九十六人が、入校して二年そこそこというのに士官見習を命ぜられ、東京、名古屋、大阪の三鎮台に配属された。さらには砲兵科生徒、騎兵科生徒も動員された。

ついには教育未熟の第二期生徒全員百四十人が動員され、神戸で待機するということになった。その上、校長の少将曾我祐準までが動員されてしまい、学校は空家同然になった。

さらに、司馬氏は『翔ぶが如く』（文春文庫、昭和五十五年）の最終章に近い「露の坂」の章において、岩崎谷攻撃（総攻撃は明治十年九月二十四日の午前四時）を担当した祐準の第四旅団の様子を、臨場感溢れる筆致で叙述している。その一部を引用する。

政府軍にあって岩崎谷方面を担当したのは、陸軍少将曾我祐準の第四旅団である。曾我は筑後柳川藩出身で、薩長の出ではない。非薩長人であるがために、西郷の本営を衝くこの方面の攻撃を担当させられたのであろう。

その麾下に、陸軍少佐大沼渉《わたる》といういくさ好きの大隊長がいた。

「自分に岩崎谷を受け持たせてもらいたい」

旨を曾我に対し執拗に頼み、二十三日になって容れられた。西郷の首を直接あげる仕事をうけもつことは薩摩出身者は好まず、長州出身者もまた陸軍の薩摩派に嫌われることを配慮して、そういう部署からは遠ざかろうとした。

栃木県士族である大沼はこの点、支障はない。黒羽《くろばね》（那須地方）藩というわずか一万八千石の小藩である。戊辰のとき薩長が関東に入るとこれに属し、大沼は藩兵をひきい会津攻めなどに参加した。戊辰では薩長に属しながらも維新後、陸軍における薩摩閥の強大さを愉快でなく思っていた。このことも、この積極的な志願の動機だったにちがいない。

大沼の大隊は、攻撃兵でもって編成されていた。攻撃兵というのが旅団ぜんたいから強悍の士卒がえらばれていることは、すでにのべた。大沼大隊の攻撃兵は薩軍のあざける百姓兵がまれでほぼ士族で編成され、それも東北と北陸の士族が多く、山陽、山陰の士族がこれに次いでいる。いずれも戊辰のうらみがつよく、とくに東北兵などは薩人とみれば死体にまで凌辱しかねまじい憎しみをもっていた。

その日の午前九時頃、西郷の首が折田正助邸門前の竹藪の土中から第四旅団第二大隊第二中隊の兵卒前田恒光によって発見されて、浄光明寺内の山県参軍（この時三十九歳）と祐準のもとに届けられたのである。山県は、落涙しながら、

「顔は以前と少しも変わらぬ。髭は三日前に剃ったのだろう?」

とその頬を撫で、傍らの祐準に手渡した。祐準と西郷は、第一次の征長戦以来の旧知の間柄であったので、岩崎谷に配置され、しかも西郷の首を上げざるを得なかった苦渋の思いが、終生祐準に付きまとったはずである。

◆明治十一年（三十五歳）、明治八年に始業した陸軍士官学校の開校式を六月に実施。八月に竹橋近衛砲兵暴動事件（給料減額への抗議。この事件を契機に軍人精神の拠り所とする「軍人勅諭」の策定が加速）勃発。同月、西部検閲使、近衛諸学校教導団及び東京諸官廨検閲を拝命。なお、「教導団」とは、下士官養成所のことである。十二月に熊本鎮台司令長官（谷干城の後任）に任官。

同じ十二月に山県有朋は陸軍卿から初代の参謀本部長（後の参謀総長）となる。陸軍卿の後任は西郷従道で、この時から参謀本部長は天皇に直属する機関との見方が普遍化し、陸軍卿の上位と見なされて、軍令が軍政より優位に立つようになる。すなわち、統帥権（軍隊の最高指揮権。明治憲法十一条では天皇の大権と定めるが、その発動には参謀本部・軍令部が参与）の独立が明治憲法制定（明治二十二年）前に確立する。これ以降、日本陸軍は、否日本国民は、富国強兵の名の下に、否応なく「破滅の道」を突き進むこととなる。

◆明治十二年（三十六歳）、二月に家族同伴で熊本赴任。

◆明治十三年（三十七歳）、四月に大坂鎮台司令長官に任官。家族は東京へ帰る。

◆明治十四年（三十八歳）、二月に中部軍監部長心得（少将のまま）に任官。この時の陸軍卿は大山巌少将で、同年十月に中将に昇任。なお、軍監部は後に教育総監部と改称される。

維新以降、日本陸軍を育ててきたのは、フランス式を模範とする曾我祐準、谷干城（土佐）、鳥尾小弥太（長州）、三浦梧楼（長州）らの四中将であった。一方、ドイツ遊学から帰国した山県有朋と桂太郎（共に長州）、大山巌（薩摩）らはドイツ式への転換（参謀本部の設立による陸軍の大改革）を着実に進めていたのである。

ドイツ式への転換について、こころよからぬ思いであった祐準ら四中将は、有栖川左大臣に対して、連署による反意の建白書を提出する。その内容は、三権分立の確立、国憲の創立、議会の開設、北海道開拓使官物払い下げの再議などで、現役軍人としては甚だしい「越権行為」であった。結局、四将軍は責任を問われ、辞職あるいは左遷の道を辿ることとなる。ただ、祐準だけは例外的に昇進していくが、それは曾我が柳河藩出身であったため、つまり薩長の藩閥外にあったためではなかろうか。

◆明治十五年（三十九歳）、一月に録子と離縁。二月に大山巌の後任として参謀本部次長に任官。九月に華園晟子と再婚。

この年一月、「軍人勅諭」が下付される。その説くところの五つの徳目とは、

一　軍人は忠節を尽くすを本分とすべし
一　軍人は礼節を正しくすべし
一　軍人は武勇を尚ぶべし
一　軍人は信義を重んずべし
一　軍人は質素を旨とすべし

であった。

◆明治十六年（四十歳）、二月に陸軍中将兼参謀本部次長に任官。四月に従四位に叙される。
◆明治十七年（四十一歳）、二月に東京鎮台軍法会議判士長に任官。七月に子爵の授爵を受ける。なお、爵位には、公爵・侯爵・伯爵・子爵・男爵の五階級があり、伯爵以上の全員が貴族院議員として国政に参画できた。また、子爵と男爵の互選により、その中から何名かが貴族院議員になれた。

祐準の授爵は、後妻の晟子が華族の出自であることに負うところが大ではなかったかと筆者は考えている。祐準本人が意図したかどうかは不明であるが、旧幕臣安田庄司の娘である先妻の録子を離縁したのも、どうもこのあたりに理由がありそうである。この時代にはよくあるケースで、晟子が対外的第一夫人、録子が家庭内的第二夫人ではなかったかと想像する。二人は、同じ屋根の下で生活していたのかもしれない。

◆明治十八年（四十二歳）、五月に仙台鎮台司令長官に任官。

◆明治十九年（四十三歳）、三月に参謀本部の改組（陸海軍の一元化）に伴い参謀本部次長に任官するも、薩長派閥抗争に巻き込まれる。四カ月後の七月に再び陸軍士官学校長として完全に左遷されるが、九月に自ら辞職。

この年は、ドイツ陸軍参謀将校のメッケル少佐を招聘して、臨時陸軍制度審査会による活発な制度改革が推進され、「鎮台」の呼称が廃止されて、より機動性を持つ「師団」の呼称が採用される。明治政府の兵制が、幕末以来のフランス式兵制からドイツ式兵制へ転換するターニングポイントの年である。従って、祐準は自らを「老兵」と自覚したに違いない。なお、海軍は築地の海軍兵学寮（後に海軍兵学校と改称）発足当初からイギリス式であった。明治二十一年に、この海軍兵学校は広島県の江田島へ移転する。祐準の十九年間の軍人生活は、ここで終わるのである。十月に従三位に叙される。

◆明治二十年（四十四歳）、『日本戦史』編纂に着手。

◆明治二十一年（四十五歳）、四月に明宮嘉仁親王《はるのみやよしひと》（後の大正天皇）の御教養主任に任官。この時、明宮嘉仁親王は九歳であった。

◆明治二十二年（四十六歳）、十一月に東宮太夫（明宮御教養主任兼務）に任官。

東宮太夫任官の辞令書を手にした祐準（『伝記叢書42　曾我祐準翁自叙伝』〔大空社〕より）

◆明治二十三年（四十七歳）、中村祐興に勧められて建築中だった江ノ島の別荘が竣工。後の明治二十九年になって、熱海山荘（現熱海市小嵐町。高級和風旅館「小嵐亭」にその面影を留める）を建設する。

この年の十一月、第一回の帝国議会が開催された折、祐準は貴族院議員として登院し、谷干城（西南戦争時の熊本鎮台司令長官）と山川浩（大蔵、会津藩士で山川健次郎の実兄）と共に、保守派の急先鋒（国家主義者）として「貴族院の三将軍」と恐れられた。三人は、戊辰戦争で敵味方に別れて戦った旧知の間柄であった。

◆明治二十四年（四十八歳）、六月に宮中顧問官に任官。同月十七日、参内して、金二百円、金時計、銀製香炉、「童子遊戯ノ図」二幅を賜る。

孔子像の独白

明治二十四（一八九一）年の六月十七日に祐準様が宮中に参内されました日、「私」は当時はまだ皇太子であった十二歳の明宮嘉仁親王様へ献上されたのでございます。

かくして、安東省菴様と朱舜水様ゆかりの三体の孔子像のうちの一体である「私」は、天皇家の御物として、安住の場所を与えられたのでございました。祐準様ご自身も、西原家の伯母駒子さんから「私」を受け取られたものの、いささか持て余されたに違いなく、天皇家の御物蔵に所蔵されることが最適だと考えられたのでございます。

実は、まだ「私」の流転は続くのでございます……。

時代はさらに下がり、大正十二（一九二三）年の九月一日に、未曾有の大地震が関東地方を襲ったのでございます。死者九万一千人、負傷者五万二千人、行方不明者一万三千人、被災世帯六十九万という「関東大震災」でございます。

この震災で、湯島の孔子廟も焼け落ちて、当然のことでございますが、安置されていた当時の孔子像も消失してしまったのでございます。

その後、大正十三年に再建されました孔子廟の孔子像として、「私」が天皇家御物から下賜されるのでございました。

ここに、「私」の流転の旅はやっと終わり、現在にいたったのでございますが、「私」は兄弟というべき残りの二体の孔子像とは離ればなれのままでございました。機会があれば、三体が一堂に会したいものと願っていたのでございます。

その願いが、関係者のご尽力によってやっと叶うことになりましたのは、平成十三（二〇〇一）年六月十六日のことでございました。

実は、九州の福岡県柳川市に結成されていました「安東省菴顕彰会」（現会長は立花民雄氏）では、毎年十月の第三日曜日に省菴様の菩提寺である浄華寺において例祭が開催されていたのでございます。また、平成十年からは、柳川孔子祭も復活されて、その第五回孔子祭において、安東省菴没後三百年記念事業として孔子像三体の対面式が実現したのでございます。会場となりました柳川市総合保健福祉センター「水の郷」において、私たち三兄弟は再会することができたのでございます。

曾我祐準様の波乱の半生に付き従った「私」も、関係者の手によって、湯島の孔子廟から遙々柳川の地へ、一三一年振りに帰省したのでございます。残り二体のうちの一体は安東家（ご当主は鎌倉在住）から、もう一体は福岡県立伝習館高校から丁重に運ばれて、私たち三体は実に三三六年振りに再会を果たしたのでございました。

なお、祐準様のその後でございますが、日本鉄道社長、枢密顧問官などを歴任され、昭和十（一九三五）年、九十二年の天寿を全うされたのでございます。

参考文献

曾我祐準『伝記叢書42　曾我祐準翁自叙伝』大空社、昭和六十三年
斯文会編『聖堂物語　湯島聖堂略志』斯文会、昭和四十四年
渡辺春三『立花親雄と柳河城』柳川山門三池教育会、昭和六十年
永井新『柳川藩史料集』青潮社、昭和五十六年
岡茂政著、柳川郷土研究会編『柳川史話』青潮社、昭和五十九年
学習研究社編著『幕末大全』上下、学習研究社、平成十六年
学習研究社編著『幕末を歩く　坂本龍馬』学習研究社、平成十六年
世界文化社編著『ビッグマンスペシャル　幕末維新』世界文化社、平成七年
菊地明・伊東成郎編『戊辰戦争全史』上下、新人物往来社、平成十年
石井孝他編『日本の歴史』十三、集英社、昭和五十一年
桑田忠親編『日本の合戦』八、新人物往来社、昭和五十三年
河村哲夫『志は、天下』海鳥社、平成七年
堤克彦『西日本人物誌11　横井小楠』西日本新聞社、平成十一年
松浦玲編訳『日本の名著』三十、中央公論社、昭和四十五年
堤伝『柳川と長崎の交易』柳川郷土研究会、昭和五十七年
童門冬二『小説・海舟独言』講談社、平成九年
吉田常吉『幕末乱世の群像』吉川弘文館、平成八年
泉秀樹『幕末維新人物百話』立風書房、昭和六十三年
司馬遼太郎『坂の上の雲』一、文春文庫、昭和五

十三年
司馬遼太郎『翔ぶが如く』十、文春文庫、昭和五十五年
児島襄『大山巌』二、文春文庫、昭和六十年
吉村昭『黒船』中公文庫、平成六年
佐々木譲『武揚伝』上下、中央公論新社、平成十三年
加藤陽子『徴兵制と近代日本』吉川弘文館、平成八年
鳥巣建之助『日本海軍失敗の研究』文芸春秋社、平成二年
吉田俊雄『日本陸海軍の生涯』文芸春秋社、平成十一年
藤井哲博『長崎海軍伝習所』中公新書、平成三年
北条良平「多久聖廟」(「歴史街道」PHP研究所、平成十一年)
片岡弥吉『長崎のキリシタン』聖母の騎士社、平成元年
高木一雄『江戸キリシタン山屋敷』聖母の騎士社、平成十四年
L・アーンズ著、福多文子訳『長崎居留地の西洋人』長崎文献社、平成十四年
B・バークガフニ著、平幸雪訳『花と霜　グラバー家の人々』長崎文献社、平成十五年
嘉村国男『長崎町尽し』長崎文献社、昭和六十一年
原田信『中村祐興小伝』海鳥社、平成十七年
松原一枝『中村天風　活きて生きた男』中央公論新社、平成十一年
川口素生『「幕末維新」がわかるキーワード事典』PHP研究所、平成十六年
浜島書店編集部編著『新詳日本史図説』浜島書店、平成八年
帝国書院編集部編『地歴高等地図』帝国書院、平成十年

あとがき

日本国憲法の第二章「戦争の放棄」、すなわち第九条「戦争放棄、軍備及び交戦権の否認」を今一度確認しておきたい。

①日本国民は、正義と秩序を基調とする国際平和を誠実に希求し、国権の発動たる戦争と、武力による威嚇又は武力の行使は、国際紛争を解決する手段としては、永久にこれを放棄する。

②前項の目的を達するため、陸海空軍その他の戦力は、これを保持しない。国の交戦権は、これを認めない。

平成十九（二〇〇七）年、施行六十年を迎えた憲法記念日の翌日、五月四日の新聞各社やその他のメディアでの様々な憲法関連報道は、例年になく低調であったと感じたのは筆者だけであったろうか。改憲やむなしの「アキラメ」のムードが蔓延しつつあるからだろうか……。

この年の四月に実施された共同通信社の全国電話世論調査によると、憲法改正に賛成（どちらかといえばを含む）が五七パーセントで、二年前より四ポイント減少したものの、九条につ

いては、
改正する必要はない　四四パーセント
改正する必要がある　二六パーセント
と、改憲派の大多数は「九条の改正は必要なし」と回答している。では、改憲派は憲法の「どこ」を改正したいのだろうか。肝心の「九条論議」から目をそらし、いつの間にか改憲ムードだけが一人歩きしているとしか思えない。

安倍晋三（岸信介元首相の孫）元首相は、在任中の改憲実現を目指す考えを表明して、この年の夏の参院選でその是非を問う構えであった。が、自民党惨敗と体調不良によって辞任。

辞任前の予定では、その後の憲法論議は、国民投票法（日本国憲法の改正手続に関する法律）成立（同年五月十四日）を受け、参院選後の臨時国会で両院に設置される憲法審査会に主舞台が移されることになっていた。また、三年間は改憲案の提出・審査が凍結され、現行憲法の問題点などの調査が進められる予定だった。

安倍元首相は、改憲の必要性を訴える一方で、「集団的自衛権」（国連憲章第五十一条で加盟国に認められた、ある国への武力攻撃を加盟国が協同して排除しうる権利）の行使に関する政府の憲法解釈見直しにも意欲的で、参院選ではこの点も争点となった。

さて、この五月四日付の「西日本新聞」に、筆者にとって我が意を得たり、というべき「九条改憲　実態は米国追従」（小熊英二慶応大学教授）という談話が掲載されていたので、紹介したい。

戦前の憲法では、労働者の団結権も男女平等もない。言論や信教の自由も制限付き。貴族院議員や県知事は任命制で、選挙では選べなかった。これらの権利は今ではみな当然とされている。だがそれは、現行憲法が幸運なタイミングに恵まれて成立した結果だということは再認識されていい。

条文の原案完成は一九四六年二月。翌月には英チャーチル元首相が「鉄のカーテン」演説を行った。憲法作りが冷戦激化後だったら、米国はこれほど民主的な憲法は認めなかったと思う。

冷戦激化後の米国にとっては、民主国家より反共独裁政権の方が好都合だった。韓国では米国に支援された反共独裁政権が続き、国民の諸権利も激烈な民主化闘争を経なければ勝ち取れなかった。また米国は沖縄を七二年まで手放さず、米軍の圧政下で島全体を基地化した。仮に憲法が冷戦激化前にできなかったら、日本が韓国化・沖縄化した可能性もあったろう。

九条は日本国民が求めた平和主義と合致したという面があった。しかし、平和の理想のみで設けられたとは思わない。米国にとっては、危険な日本軍の復活阻止も目的だったろう。

だが戦後日本は、基本的に軽武装・経済発展重視路線で復興することができた。九条の存在がそれを支えたことは間違いない。九条は反日感情が強く残っていたアジア諸国の警戒心を和らげ、日系企業進出の足掛かりともなった。九条なしに日本の経済成長があり得たか疑わしい。

また、冷戦激化後の米国は日本を西側陣営の一員として再軍備させ、その後も九条廃止をしばしば要求した。それを考えれば、九条も幸運なタイミングの産物だった。

改憲の動きは何度かあった。とくに岸信介首相は、安保条約改定の後に改憲するつもりだった。彼の改憲案は、戦前憲法の復活のようなものだった。だが六〇年安保闘争の結果、岸内閣は退陣し改憲も挫折した。もしあのとき改憲が実現したら、以前の韓国のような反共独裁政権が生まれていたかもしれない。

その意味で六〇年安保闘争は、結果として民主主義と憲法を守った。米国に対しても、安保改定でこのありさまでは、日本に九条を廃止させるのは困難という印象を与えただろう。

改憲論は今も盛んだが、九条を廃しても自立した日本軍などできはしない。ベトナム戦争の韓国軍のように、米軍の補助軍になるだけだ。五二年には、有事には日本の軍事力は米軍の指導下に入る密約ができている。三島由紀夫は、九条改憲は「アメリカの思うつぼ」だと書いている。

九条改憲を「自主憲法」と言う人は多いが、実際は米国追従だ。その結果得られるのは米国政府の歓迎だけ。周辺諸国からは警戒され、自衛隊の海外戦闘は膨大な財政負担をもたらすことになる。財政・外交・貿易いずれもマイナスの方が大きい。国益から考え、百害あって一利程度だ。

改憲後の行き着く先には、「徴兵制度」の施行が強行されそうな気がする。この嫌な予感を覚えるのは、筆者だけだろうか。

その布石と考えざるを得ない、防衛庁の防衛省への昇格（防衛庁長官は防衛大臣へ）、さらに、教育基本法の改正（第二条五項への、愛国心と郷土愛、さらに国際社会の平和と発展寄与などに関する文言の追加）とその関連法の改定がある。今後、国際協力の美名のもとに、自衛隊が自衛軍へと名称変更をするのではないだろうか。

この拙著を執筆したのは、「美しい国日本」が再び焦土と化すことのないよう、日清・日露戦争から第一次・第二次大戦へと続く「破滅の歴史」の原点となった明治六（一八七三）年の「徴兵令」公布の経緯を調べるうちに、偶然にも郷土柳川の偉人というべき明治の元勲曾我祐準の名を発見したことによる。

「曾我祐準子爵誕生之地」の顕彰碑が取り壊されたのも、筆者が浅学非才をかえりみずに拙著を執筆したことも、ひとえに「子や孫を二度と戦場へ駆り立てない」ための反戦の意志表示である。

　最後に、拙著刊行にあたり、海鳥社の西俊明社長及び田島卓氏から数々のご助言とご教示を賜ったことを付記して、感謝とお礼の言葉としたい。

田中省三（たなか・しょうぞう）
昭和18（1943）年，中国旧満州大連生まれ。九州大学理学部数学科を卒業後，福岡県立高等学校の教諭・教頭を経て，現在はフリーライター。著書に『小説・安東省菴』（新風舎），『筑後柳河藩の戊辰戦争』，『明治という時代の良心』，『柳河武士道物語』など。平成9（1997）年から安東省菴顕彰会会員。平成16年から海老名弾正顕彰会会員。平成16年から柳川文芸クラブ同人。福岡県柳川市在住。

風《かぜ》よ波《なみ》よ —— 柳川《やながわ》が生《う》んだ元勲《げんくん》・曾我《そが》祐準《すけのり》伝《でん》

■

2008年4月21日　第1刷発行

■

著者　田中省三

発行者　西　俊明

発行所　有限会社海鳥社

〒810-0074　福岡市中央区大手門3丁目6番13号

電話092(771)0132　FAX092(771)2546

印刷・製本　大村印刷株式会社

ISBN 978-4-87415-671-1

http://www.kaichosha-f.co.jp

［定価は表紙カバーに表示］

海鳥社の本

志は，天下 柳川藩最後の家老 立花壱岐　全５巻　河村哲夫著

激動の幕末・維新期，柳川藩の改革を実現し，身分制の撤廃や藩制の解体など，旧弊の徹底打破を主張した，柳川藩最後の家老・立花壱岐──。その生涯を，豊富な史料を駆使して描いた歴史巨編

Ａ５判／平均320頁／上製／各2524円・揃価12620円／２刷

筑後争乱記 蒲池一族の興亡　河村哲夫著

蒲池氏は，“肥前の熊”龍造寺隆信の300日に及ぶ攻撃を柳川城に籠り防ぐ。しかし，蒲池氏の滅亡をはかる隆信によって一族は次々と攻め滅ぼされる。筑後の雄・蒲池一族の千年に及ぶ興亡を描き，筑後の戦国期を総覧する

Ａ５判／248頁／上製／2200円

アクロス福岡文化誌１ **街道と宿場町**　アクロス福岡文化誌編纂委員会編

道がつなぐ人・文物・情報。それらが地域の伝統と結びつき，各村・町には独自の文化が生まれた──。福岡県内を通る主要街道・宿場町の歴史と見所を一挙紹介。掲載街道＝長崎街道，秋月街道，唐津街道，日田街道，薩摩街道他

Ａ５判／160頁／並製／1800円／２刷

海路 かいろ　「海路」編集委員会編・発行

【海からの視座で読み直す九州学】

第４号　特集＝九州の城郭と城下町・古代編

対馬・金田城の調査成果／怡土城築城の経緯について／大野城と基肄城／鞠智城について【小特集＝九州の城を探る】近世九州の城郭と福岡城／原城の戦い

Ａ５判／200頁／並製／1200円

第５号　特集＝九州の城郭と城下町・中世編

十六世紀のBungoと大友宗麟の館／筑前国秋月氏の城郭／戦国期北部九州の政治動向と筑紫氏・勝尾城／大津山関城と鷹ノ原城をめぐる若干の問題／中世城郭の終焉

Ａ５判／182頁／並製／1200円

＊価格は税別